쓰는 법을 배워도 막상 쓰려면 막막한 자소서

윤종혁 선생님과 함께라면,

쉽고, 빠르게, 잘 슬

KB085008

종혁쌤이 제안하는
공기업 자소서 합격 로드맵

자소서 합격!

★

자소서 작성법
분석!

공기업
분석!

자소서
분석!

채용 전형에
대한 이해!

04

03

02

01

공기업 합격을 위한 추가 학습자료

공기업 취업준비 전략 무료 강의

472B 8744 9EB9 D628

해커스잡 사이트(ejob.Hackers.com) ▶ 사이트 메인 우측 상단 [나의 정보] 클릭 ▶
[나의 쿠폰 – 쿠폰/수강권 등록]에 위 쿠폰번호 입력 ▶ [마이클래스]에서 강의 수강

* 본 쿠폰은 한 ID당 1회에 한해 등록 및 사용 가능합니다. * 쿠폰 등록 직후 강의 지급되며, 지급일로부터 30일간 수강 가능
* 이 외 쿠폰관련 문의는 해커스잡 고객센터(02-537-5000)로 연락 바랍니다.

NCS 필기준비 전략 무료 강의

E357 B753 2526 75F9

해커스잡 사이트(ejob.Hackers.com) ▶ 사이트 메인 우측 상단 [나의 정보] 클릭 ▶
[나의 쿠폰 – 쿠폰/수강권 등록]에 위 쿠폰번호 입력 ▶ [마이클래스]에서 강의 수강

* 본 쿠폰은 한 ID당 1회에 한해 등록 및 사용 가능합니다. * 쿠폰 등록 직후 강의 지급되며, 지급일로부터 30일간 수강 가능
* 이 외 쿠폰관련 문의는 해커스잡 고객센터(02-537-5000)로 연락 바랍니다.

공기업 경험 및 경력기술서 작성 가이드 (PDF) 공기업 면접 핵심 가이드 (PDF)

A45W 5CV1 94G7 JH99

해커스잡 사이트(ejob.Hackers.com) 접속 후 로그인 ▶
사이트 메인 중앙 [교재정보 – 교재 무료자료] 클릭 ▶
교재 확인 후 이용하길 원하는 무료자료의 다운로드 버튼 클릭 ▶ 위 쿠폰번호 입력 후 다운로드

30%

본 교재 인강 30% 할인쿠폰

E72C 75AC 6657 A4AE

해커스잡 사이트(ejob.Hackers.com) 접속 후 로그인 ▶
사이트 메인 우측 상단 [나의 정보] 클릭 ▶ [나의 쿠폰 – 쿠폰/수강권 등록]에 위 쿠폰번호 입력 ▶
본 교재 강의 결제 시 쿠폰 적용

* 본 쿠폰은 한 ID당 1회에 한해 등록 및 사용 가능합니다. * 이벤트 강의 / 프로모션 강의 적용불가 / 쿠폰 중복할인 불가
* 이 외 쿠폰관련 문의는 해커스잡 고객센터(02-537-5000)로 연락 바랍니다.

※ 모든 쿠폰/인증번호는 공백없이 입력해야 합니다.

해커스
쉽게 합격하는
공기업 NCS
자소서

⫶ᵀ⫶ 해커스잡

서문

"자소서 쓰기가 어려워요."
"자소서에 쓸 만한 경험이 없는 것 같아요."
"자소서 잘 쓰는 방법을 모르겠어요."

이 책은 '학생들이 자소서 작성을 어려워하는 이유가 무엇일까?'라는 고민에서 출발했습니다.

수업을 하다 보면 많은 학생이 자소서 작성에 대한 어려움을 하소연하여 필자는 '자소서 작성 자체가 어려운 것일까 아니면 자소서를 잘 쓰는 것이 어려운 것일까?'라는 의문을 품게 되었습니다. 필자는 '자소서 작성 자체가 어렵다'라고 결론 내렸습니다. 자소서는 일종의 '글'입니다. 글은 쓰는 것이 어렵지, '잘' 쓰는 것은 어렵지 않습니다. 자소서는 첨삭이나 여러 번 반복해서 써보는 것만으로도 충분히 잘 쓸 수 있습니다.

자소서를 쓸 때의 모습을 떠올려 봅시다. 우리는 기억에 의존하여 '나는 이런 경험이 있나?', '이 항목에 적을 만한 경험이 있나?'라는 의문에서 자소서 작성을 시작합니다. 여기서부터 잘못되었습니다. **글은 결코 기억에 의존해서 쓸 수 없기 때문입니다. 어떤 작가도 기억에 의존해서 글을 쓰지 않습니다.** 철저하게 자료를 수집하고, 단어의 정의를 파악하며, 말을 수집하여 글을 씁니다. 즉, 자기가 만들어 놓은 소스를 토대로 글을 쓰는 것입니다. 하물며 우리는 전문적으로 글을 쓰는 사람이 아닌데, 아무 소스도 없이 기억에 의존해서 글을 쓰려고 하니 한 문장도 안 써지는 것이 당연합니다.

자소서를 쓰려면 우선 자소서를 쓰는 이유를 알아야 합니다. 자소서를 쓰는 가장 큰 이유는 지원자가 회사에 필요한 사람인지, 지원자가 회사에서 필요로 하는 기초적인 능력이 있는지를 확인하기 위함입니다. 회사에서 작성하는 보고서는 읽는 사람이 한 번에 이해할 수 있어야 하며, 누구나 한 번에 이해할 수 있는 보고서를 작성하는 능력이 바로 회사에서 필요로 하는 기초적인 능력입니다. 그러므로 자소서도 누구나 한 번에 이해할 수 있어야 하며, 그렇게 하기 위해서는 자소서를 쓰는 본인 스스로가 어떤 글을 쓰고 있는지 정확히 알아야 합니다. 본인이 어떤 글을 쓰는지 모른 채로 자소서를 쓴다면 절대로 완성도 높은 자소서를 쓸 수 없습니다.

자소서를 잘 쓰기 위해서는 자소서를 쓰기 전(前) 단계가 필요합니다. **글쓰기는 '글을 쓰기 전 단계 → 글을 쓰는 단계 → 글을 쓴 후의 단계'로 나뉩니다. 그동안 우리는 자소서를 쓰기 전 단계를 건너뛰고 자소서를 썼습니다.** 이 책은 '자소서를 쓰기 전 단계'를 통해 자소서를 쓰는 고통을 줄이기 위한 책이라고 할 수 있습니다. 이 책을 천천히 따라가다 보면 자소서 작성을 위한 소스를 만들 수 있습니다.

우리는 정말 많은 자소서를 쓰고 제출합니다. 미리 자신만의 자소서 소스만 준비해 둔다면 아무리 많은 자소서를 쓰더라도 고통스럽지 않을 것입니다. 이 책을 천천히 한 걸음씩 따라오며 소스를 만들면 자소서를 고통 없이 쉽게 쓸 수 있습니다.

윤종혁

공기업 자소서가 쉽게 써지는 **교재 학습법**

PART 1   **공기업 서류전형**의 특징을 파악한다!

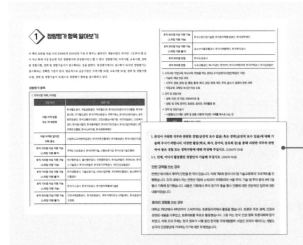

공기업 서류전형에서 특히 중요한 자격사항, 교육사항, 경력 및 경험기술서에 대해 자세히 설명하여 취업 준비의 첫 단계인 자소서 작성이 훨씬 더 쉬워집니다.

경력 및 경험기술서에 어떤 내용을 작성해야 하는지 구체적으로 확인할 수 있습니다.

PART 2   **자소서 핵심 전략**으로 자소서에 특화된 글쓰기 전략을 익힌다!

다른 글과 구별되는 자소서만의 특징을 세세하게 분석하여 자소서에 특화된 글쓰기 전략을 배울 수 있습니다.

자소서 작성 전략을 '나를 표현하는 글쓰기', '논리적인 글쓰기', '조건에 맞는 글쓰기'로 나누어 설명하여 자소서에 작성해야 할 내용을 구체적으로 파악하고 자소서 작성에 필요한 소스를 만들 수 있습니다.

시간을 아껴주는 '자소서 분석' 연습 노트

종혁쌤의 자소서 항목 분석법을 바탕으로 실제 국민건강보험공단의 자소서 항목을 분석하여 자소서 작성 준비 연습을 할 수 있습니다.

PART 3 공기업 정밀 분석으로 지원할 기업에 대해 명확하게 이해한다!

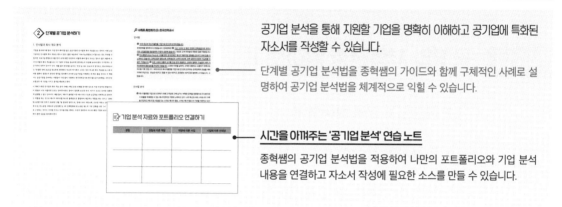

공기업 분석을 통해 지원할 기업을 명확히 이해하고 공기업에 특화된
자소서를 작성할 수 있습니다.

단계별 공기업 분석법을 종혁쌤의 가이드와 함께 구체적인 사례로 설
명하여 공기업 분석법을 체계적으로 익힐 수 있습니다.

시간을 아껴주는 '공기업 분석' 연습 노트

종혁쌤의 공기업 분석법을 적용하여 나만의 포트폴리오와 기업 분석
내용을 연결하고 자소서 작성에 필요한 소스를 만들 수 있습니다.

PART 4 실전 자소서 작성으로 나만의 자소서를 완성한다!

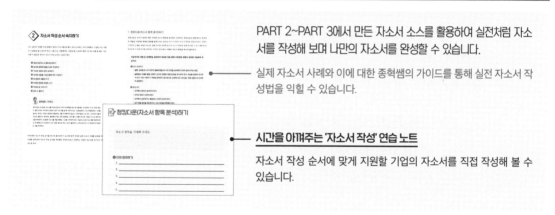

PART 2~PART 30에서 만든 자소서 소스를 활용하여 실전처럼 자소
서를 작성해 보며 나만의 자소서를 완성할 수 있습니다.

실제 자소서 사례와 이에 대한 종혁쌤의 가이드를 통해 실전 자소서 작
성법을 익힐 수 있습니다.

시간을 아껴주는 '자소서 작성' 연습 노트

자소서 작성 순서에 맞게 지원할 기업의 자소서를 직접 작성해 볼 수
있습니다.

PART 5 세련된 문장 쓰는 법으로 자소서의 완성도를 높인다!

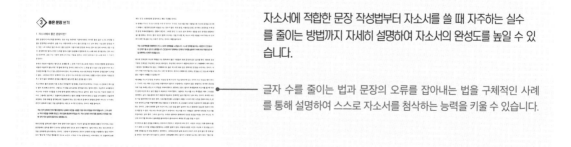

자소서에 적합한 문장 작성법부터 자소서를 쓸 때 자주하는 실수
를 줄이는 방법까지 자세히 설명하여 자소서의 완성도를 높일 수 있
습니다.

글자 수를 줄이는 법과 문장의 오류를 잡아내는 법을 구체적인 사례
를 통해 설명하여 스스로 자소서를 첨삭하는 능력을 키울 수 있습니다.

목차

PART 3　공기업 정밀 분석법

PART

공기업 서류전형 알아보기

① 정량평가 항목 알아보기

이 책의 초판을 처음 쓰던 2018년과 2019년의 가장 큰 화두는 블라인드 채용이었다. 하지만 그로부터 몇 년이 지난 현재 가장 중요한 것은 정량평가와 정성평가라고 할 수 있다. 정량평가란, 자격사항, 교육사항, 경력 및 경험사항, 경력 및 경험기술서가 점수화되는 것을 말한다. 정성평가에서도 점수화가 되지만 정량평가는 점수화되는 정확한 기준이 있다. 평균적으로 공공기관은 자격사항 30점, 교육사항 30점, 경력 및 경험사항 10점, 경력 및 경험기술서 30점으로 정량평가 항목을 점수화하고 있다.

정량평가 항목

1. 자격사항: 어학, 자격증	
지원 자격	**대표기업**
지원 자격 없음 또는 적·부판정	한국철도공사, 국립공원공단, 국민철도SR, 한국보건의료인국가시험원, 한국부동산원, 국가철도공단, 한국지역난방공사, 전력거래소, 한국자산관리공사, 공무원연금공단, 한국교통안전공단, 건강보험심사평가원, 국민연금공단, 근로복지공단, 한국동서발전, 한국중부발전, 한국전기안전공사, 한국산업인력공단, 한국콘텐츠진흥원, 한국소비자원, 한국문화재재단
지원 자격은 없지만 어학 중요	사립학교교직원연금공단, 한국언론진흥재단, 한국환경공단, 한국산업단지공단
토익 700점 이상 지원 가능 (스피킹 지원 불가)	주택도시보증공사, 한국전력기술, 신용보증기금, 한국산업기술진흥원
토익 700점 이상 지원 가능 (스피킹 지원 가능)	부산항만공사, 울산항만공사, 인천항만공사, 한국남부발전, 한전KDN, 한국가스기술공사, 한국서부발전, 한국토지주택공사, 국민건강보험공단
토익 750점 이상 지원 가능 (스피킹 지원 불가)	한국공항공사, 기술보증기금, KDB산업은행, 국민체육진흥공단, 중소벤처기업진흥공단
토익 750점 이상 지원 가능 (스피킹 지원 가능)	한국가스공사, 한국석유공사, 한국원자력통제기술원
토익 800점 이상 지원 가능 (스피킹 지원 불가)	인천국제공항공사, 한국관광공사, 제주국제자유도시개발센터, 한국공정거래조정원

토익 800점 이상 지원 가능 (스피킹 지원 가능)	한국소방산업기술원, 한국원자력환경공단, 한국장학재단
토익 850점 이상 지원 가능 (스피킹 지원 불가)	농수산식품유통공사, 한국국제협력단, 한국투자공사
토익 800점 만점	한국도로공사
토익 850점 만점	도로교통공단, 에너지공단, 한전KPS, 한국수력원자력, 한국전력공사, 한국남동발전

2. **교육사항**: 직업교육, 학교교육, 학점을 적는 경우는 B 이상(한국산업인력공단 기준)

- 기술직: 해당 전공 과목
- 사무직: 경영, 경제, 법, 행정, 통계, 복지, 상담, 회계, 재무, 무역, 글쓰기, 컴퓨터 관련 과목
- 직업교육: 과목당 16시간 이상 수료

3. **경력 및 경험사항**

- 경력: 인턴, 전 직장, 아르바이트 등
- 경험: 팀 과제, 동아리, 동호회, 공모전, 대외활동 등

4. **경력 및 경험기술서**

- 나열형(보고서형): 경력 및 경험 사항에 작성한 사례를 복수로 쓰는 것

경력	컨벤션 회사 인턴
기간	202X. XX. XX.~202X. XX. XX.
활동내용	1. 예산확보를 위한 홍보 2. 진행 인력 교육 3. 디자인 시안 요청 4. 참가자 투어 통솔
결과	일본 및 중국 참가자와 MOU 체결

- 기술형: 자신의 경험이나 경력에 대한 부분을 쓰는 것으로 자소서와 다르고 다음과 같은 형태로 기술

1	언제, 어디서 활동했던 경험인지에 대한 부분과 공동체의 목표
2	해당 활동에서 본인이 맡았던 역할
3	해당 활동의 결과와 본인이 획득한 역량

② 교육사항 작성하기

교육사항을 작성할 때 공공기관을 준비하는 사람들은 많은 질문을 한다. "직무교육에 대한 부분은 무엇을 적나요?", "직무와 관련된 교육은 어디에서 받을 수 있나요?", "직무교육이 없으면 어떻게 하나요?"라는 질문이 가장 많다. 먼저 직무교육에 대해 정의를 내리고 시작해보자. NCS(국가직무능력표준)에 포함되는 직무교육은 크게 직업기초능력과 직무수행능력으로 나뉜다. 직업기초능력은 의사소통능력, 수리능력, 문제해결능력, 자기개발능력, 자원관리능력, 대인관계능력, 정보능력, 기술능력, 조직이해능력, 직업윤리 총 10개 영역으로 나뉜다. 즉, 학교에서 이수한 과목이 10개의 영역 중 하나에 해당한다면 교육사항에 기재할 수 있다. 예를 들어 컴퓨터 관련 교육(정보능력), 리더십교육(조직이해능력, 직업윤리), 토론교육(의사소통능력), 발표교육(의사소통능력) 등이 여기에 해당한다. 이런 과목은 대부분 학교에서 교양과목으로 들었을 것이라고 추측한다. 만약 전공자가 아니라면 이 과목들을 교육사항에 기재할 수 있다는 것을 알고 있으면 좋다.

직무수행능력은 전공과 가장 밀접하다. 그 외에는 공공기관이 하고 있는 사업 부문에 대한 직무교육도 포함할 수 있다. 예를 들어 기술직은 교차지원을 하지 않기 때문에 본인의 전공을 따라갈 수 있으며, 전기 전공이면 본인이 전공한 전기 전공 과목을 모두 기재할 수 있다. 공과대학 중에서도 교육사항 기입을 잘못하게 되는 학과도 있는데, 바로 '산업공학과'이다. 공과대학 내의 경영학과라고 불리는 산업공학과는 금융공학, 품질경영, 생산 및 운영관리 등을 배우기 때문에 오히려 사무직에 가깝다고 볼 수 있다. 그러므로 품질경영기사를 가지고 있지 않다면 산업공학과를 졸업한 사람은 사무직에 지원하는 것이 좋다. 이때는 본인이 전공한 경제, 경영과 관련된 과목을 기재하면 된다.

사무직은 경영, 경제, 법, 행정, 회계, 통계와 관련된 학과를 졸업했거나 재학 중이라면 교육사항에 본인의 전공과 관련된 과목을 기재하면 된다. 그 외 해당 공공기관의 사업 분야도 기재할 수 있다. 예를 들어 국민연금공단 사무직에 지원하는 경우 사회복지와 관련된 수업을 들은 적이 있다면 그 과목을 기재할 수 있고, 한국부동산원에 지원하는 경우 토지와 관련된 과목을 기재할 수 있다.

공공기관의 교육사항 기재란

2. 교육사항(모집대상 직무와 연관이 있는 학교교육이나 직업교육 혹은 기타교육)

* 학교교육이나 직업교육 혹은 기타교육 등 직무와 관련된 교육사항 내용을 기입해 주십시오.

학교교육이나 직업교육 혹은 기타교육 등

• [경영기획 업무] 관련 학교교육이나 직업교육 혹은 기타교육 과목을 이수한 경험이 있습니까?   예 (   ) 아니요 (   )

• [경영평가 업무] 관련 학교교육이나 직업교육 혹은 기타교육 과목을 이수한 경험이 있습니까?   예 (   ) 아니요 (   )

• [사무행정 업무] 관련 학교교육이나 직업교육 혹은 기타교육 과목을 이수한 경험이 있습니까?   예 (   ) 아니요 (   )

• [지원기관의 직무관련 업무] 지원하고자 하는 기관의 주요 업무 관련 학교교육이나 직업교육 혹은 기타교육 과목을 이수한 경험이 있습니까? (예: 도로공사-도로관련 교과, 소비자보호원-소비자관련 교과, 인력공단-인력개발관련 교과 등)   예 (   ) 아니요 (   )

• [사업행정에 필요한 직업기초능력] 직업기초능력 34개 하위영역 중 문서이해능력, 문서작성능력, 정보능력, 사고력 등 관련 학교교육이나 직업교육 혹은 기타교육 과목을 이수한 경험이 있습니까?   예 (   ) 아니요 (   )

* '예'라고 응답한 항목에 해당하는 내용을 아래에 기입해 주십시오. 해당 직무를 수행하는데 도움이 되었거나 도움이 될 것이라고 판단되는 교육과목(직업기초능력 포함)을 이수한 경험이 있으면 모두 적어 주십시오.

예시) 과목 1. 문헌정보학 입문 → 문서이해능력, 문서작성능력, 과목 2. 한국어 의미의 이해 → 문서이해 및 문서작성능력, 과목 3. 철학개론 → 사고력

학교교육		직업교육		기타교육	
교과목명	학점(내신 등급)	교과목명	이수시간(h)	교과목명	이수시간(h)

(출처: 고용노동부)

위의 표는 한 공공기관의 교육사항 기재란이다. 교육사항에 한 과목만 적는 경우도 있고, 여러 과목을 적는 경우도 있다. 교육구분이 학교교육, 직업교육, 기타부문으로 나뉘는데 이를 모두 기재할 필요는 없다. 어떤 취업준비생은 "학교교육은 있고 직업훈련 교육은 없는데 어떡하나요?"라고 질문하는데 그럴 때는 학교교육만 기재하면 된다. 만약 학교교육에도 기재할 내용이 없는 경우에는 공공기관을 지원하기 전에 직업교육을 받고 시작하면 된다. 직업교육은 고용노동부 HRD-Net 등에서 사무 혹은 관련 카테고리를 구별하여 16시간 이상을 수료해야 한다.

③ 경력 및 경험기술서 작성하기

경력 및 경험기술서를 쓸 때 몇몇 사람들은 이 부분에 자신이 공공기관에 들어가면 어떻게 하겠다는 각오를 쓰는 잘못을 저지르지만 여기에서는 자신이 한 경험이나 경력에 대한 부분을 객관적으로 쓰면 된다. 또한 입사지원서에 쓴 항목을 좀 더 자세하게, 그리고 직무와 어떤 연관이 있는지를 쓰는 것이다.

> 1. 본인이 지원한 직무와 관련한 경험(금전적 보수 없음) 혹은 경력(금전적 보수 있음)에 대해 기술해 주시기 바랍니다. 다양한 활동(학교, 회사, 동아리, 동호회 등)을 통해 지원한 직무와 관련하여 쌓은 경험 또는 경력사항에 대해 작성해 주십시오. (1,000자 이내)
> 1-1. 언제, 어디서 활동했던 경험인지 기술해 주십시오. (200자 이내)
> 1-2. 해당 활동에서 본인이 맡았던 역할에 대해 기술해 주십시오. (400자 이내)
> 1-3. 해당 활동의 결과와 이를 통해 본인이 배운 점은 무엇인지 기술해 주십시오. (400자 이내)

위의 경력 및 경험기술서는 대부분의 공공기관을 지원할 때 작성하는 항목이라고 할 수 있다. 그중에서 한국수력원자력(이하 한수원)은 필자가 반드시 써보라고 추천하는 기업 중의 하나이다. 이유는 위에서 알 수 있듯이 한수원의 경력 및 경험기술서의 항목 구성이 가장 표준이기 때문이다. 1-1은 본인의 이야기를 쓰는 것이 아니라 본인이 소속되었던 조직의 목표를 쓰는 것이다. 1-2에서는 본인의 역할에 대해 쓰는데, 중요한 것은 본인의 역할, 수행한 업무를 기재하는 것이지 갈등 상황이나 리더십을 발휘한 것을 쓰는 것이 아니라는 점을 명심해야 한다. 1-3은 해당 활동의 결과를 기재하는 것이다. 여기에서 결과란, 반드시 1등을 하거나 수상을 한 것이 아니라 조직의 목표가 있으면 목표를 달성했는지를 이야기하는 것이다. 주의할 것은 '칭찬을 받았다.', '고객이 만족해하셨다.', '뿌듯했다.' 등을 결과로 쓰면 안 된다. 예를 들어 고객이 만족했다면 고객만족도를 기재해야 하고, 회원이 늘어났다면 몇 퍼센트 증가했는지를 객관적인 지표를 기반으로 작성해야 한다. 이를 토대로 적으면 다음과 같이 작성할 수 있다.

1. 본인이 지원한 직무와 관련한 경험(금전적 보수 없음) 혹은 경력(금전적 보수 있음)에 대해 기술해 주시기 바랍니다. 다양한 활동(학교, 회사, 동아리, 동호회 등)을 통해 지원한 직무와 관련하여 쌓은 경험 또는 경력사항에 대해 작성해 주십시오. (1,000자 이내)

1-1. 언제, 어디서 활동했던 경험인지 기술해 주십시오. (200자 이내)

인턴 경력을 쓰는 경우

컨벤션 회사에서 계약직 인턴을 한 적이 있습니다. 이때 '제8회 동아시아 댐 기술교류회의' 프로젝트를 진행했습니다. 조직 내에서 저는 컨벤션 1팀에 소속되어 국제회의와 서울 투어, 기술 댐 투어 등의 4박 5일 행사 기획에 참가했습니다. 내용은 기획에서 투어 참가자 통솔 행사 진행에 대한 전반적인 업무에 대한 내용이었습니다.

동아리 경험을 쓰는 경우

대학교 1학년에서 4학년까지 '스피커'라는 토론동아리에서 활동을 했습니다. 토론은 주로 경제, 인권과 관련된 내용을 다루었고, 토론대회를 목표로 활동했습니다. 그중 저는 한국 인권·평화 토론대회에 참가하였고, 저희 조의 주제는 '한국 정부가 시행 중인 한국형 국제개발협력 사업인 코리아 에이드는 개발도상국의 인권향상에 기여하는가?'에 대한 주제였습니다.

1-2. 해당 활동에서 본인이 맡았던 역할에 대해 기술해 주십시오. (400자 이내)

인턴 경력을 쓰는 경우

저는 이곳에서 예산확보를 위한 홍보 마케팅, 진행 인력 교육과 인력 통솔, X배너, 현수막, 룸사인 등의 디자인 시안을 만들어 요청하고, 국제회의에서 진행할 시나리오 대본을 작성하고 번역 사항 등을 요청하여 번역을 진행하였습니다. 또한 행사 진행 중에는 중국 참가자들을 인천공항에서부터 맞이하여 서울 투어를 통솔하여 진행하였고, 기술 댐 투어에서는 일본 참가자들을 통솔하여 투어를 진행하는 역할을 맡았습니다.

동아리 경험을 쓰는 경우

저는 토론에서 자료를 수집하고, 분석하는 역할을 맡았습니다. 특히 우리 조는 양적 조사와 질적 조사를 모두 분석하고 토론에 임하는 것이 목표였기 때문에 자료 수집의 역할이 중요했습니다. 그중에서 저는 학과의 특성을 살려 양적 조사분석을 맡았습니다. 저는 개발도상국의 인권향상을 수치화하고, 보건, 음식, 문화요소에 대한 부분도 수치화시키는 작업을 했습니다. 그리고 수치화된 결과를 토대로 각 나라에서 하고 있는 인권 운동과 비교분석을 하였습니다.

1-3. 해당 활동의 결과와 이를 통해 본인이 배운 점은 무엇인지 기술해 주십시오. (400자 이내)

인턴 경력을 쓰는 경우

국제회의와 기술 댐 투어에서는 일본 및 중국 참가자들과의 MOU 체결로 행사는 성공리에 끝이 났습니다. 저는 이 행사에서 원활한 진행을 위해서는 명확한 매뉴얼이 필요하다는 것을 배웠습니다. 또한 행사 시나리오를 만들면서 문서 작성능력과 효과적인 전달방법을 숙지하였습니다. 그리고 PPT 자료를 만들면서 문서의 디자인 작성능력과 문서 구성 방법을 통해 기획능력, 갈등해결능력, 의사소통능력을 배웠습니다.

동아리 경험을 쓰는 경우

토론 대회에서 저희 조는 3위에 입상하였습니다. 해결 방향은 일반적이었지만 분석을 통해 자료를 효과적으로 제시한 부분에서 많은 점수를 얻었습니다. 저는 이 토론을 통해 양적 분석과 비교 분석 능력을 갖추었습니다. 토론 주제를 효과적으로 전달하기 위해서 그래프와 표로 정리하였고, 조원들과의 협업을 통해서 효과적으로 결론을 이끌어 냈습니다. 이런 경험을 통해 효과적으로 전달하는 방법과 스토리 구성능력, 협업과 소통에 대해서 배웠습니다.

 종혁쌤's 가이드

경력 및 경험기술서는 순차적으로 조건에 맞게 쓰면 충분히 잘 쓸 수 있다. 특히 주목해야 할 부분은 1-3 '배운 점'이다. '배운 점'을 쓸 때 입사지원서와 공고문에서 본 역량에 반드시 맞춰 작성해야 한다. 이 부분은 공고문의 'NCS 기반 직무기술서'에서 나온 '필요지식', '필요기술', '직무수행태도'에 대한 부분을 참고하여 쓰면 된다.

PART

자소서 핵심 전략 익히기

① 자소서에 대한 태도 바꾸기

② 자소서 알아보기

③ 나를 표현하는 글쓰기

④ 논리적인 글쓰기

⑤ 조건에 맞는 글쓰기

📝 시간을 아껴주는 자소서 분석 연습 노트

◇1◇ 자소서에 대한 태도 바꾸기

먼저 정의부터 하자면 자소서는 '글쓰기'이다. 자소서가 글이 아니라고 하는 사람도 있지만 그렇지 않다. 글을 쓰는 모든 것이 글쓰기이고 어떠한 스토리를 담고 있다면 그것은 더더욱 글쓰기라고 할 수 있다. 그러나 우리는 글쓰기를 배운 적이 없다. 물론 교과과정에 있기는 하지만 글쓰기를 체계적으로 배운 것은 아니다. 그 이유는 전문적으로 글을 쓰는 사람들도 체계적으로 글을 쓰는 방법을 잊어버렸기 때문이다. 글쓰기를 직업으로 하는 사람은 자기만의 글쓰기 루틴이 이미 만들어져 있고, 그 루틴에 의해 글을 쓰기 때문에 본인이 어떻게 글을 쓰는지 타인에게 전수해 주기가 어렵다. 또한 글을 쓰는 사람은 자기만의 글쓰기 방법을 다른 사람에게 보여주지 않는다. 그래서 우리는 글을 쓰는 방법을 배운 적이 없는 것이다.

글을 쓰는 방법을 배운 적이 없기 때문에 글을 쓰는 태도 역시 배운 적이 없다. 우리는 미디어를 통해 글을 쓰는 작가를 보고, 미디어를 통해 글을 쓰는 태도를 배운다. 미디어가 보여주는 작가는 결연한 의지를 보이며 밤을 새우고 자기를 불태우듯이 글을 쓴다. 이는 매우 비현실적이다. 필자가 아는 한 이런 태도로 글을 쓰는 작가는 없다. 작가는 말을 모으고, 취재하고, 표현하기 어려운 단어가 있다면 검색을 하면서 글을 쓴다. 다시 말해, 소스를 만들고 이를 바탕으로 글을 쓰는 것이다.

그런데 이것을 가르쳐 주는 사람이 아무도 없으니 우리는 미디어에서 본 대로 글을 쓴다. 예를 들어 '자신이 소통을 잘하는 사람임을 보여주는 경험을 구체적으로 기술해 주시기 바랍니다.'라는 자소서 항목을 보면 우리는 가장 먼저 '내가 소통한 경험이 뭐가 있지?'라는 생각을 한다. 이렇게 기억에 의존해서는 자소서에 작성할 내용이 절대 떠오르지 않는다. "당신의 기억을 믿나요?"라고 질문하면 대부분은 아마도 "기억을 믿지 않는다."라고 답할 것이다. 그런데 왜 자소서를 기억에 의존해서 쓸까? 적어도 자소서를 쓸 때는 기억을 믿지 않길 바란다.

자소서를 쓸 때는 먼저 자기에 대한 모든 것을 정리하고, 기업 내부/외부 분석 자료 등을 정리한 다음 자소서 조건에 맞는 글쓰기 태도를 갖춰야 한다. 다시 말해 본인만의 자소서 소스를 먼저 만들어야 한다. 자소서에 이렇게까지 정성을 들여야 하는지에 대한 의문이 들 수 있지만, 자소서 소스를 미리 만들어 놓으면 기업마다 자소서 항목이 다르더라도 잘 쓴 자소서를 참고하지 않고 본인만의 자소서를 쓸 수 있을 것이다.

자소서 작성이 어려운 이유를 물어보면 대부분 "경험이 없다.", "지원동기를 쓰기 힘들다."라고 답한다. 앞에서 말했듯이 정말로 자소서에 쓸만한 경험이 없는 것이 아니라 기억에 의존하기 때문에 경험이 없다고 생각하는 것이다. 자소서 작성이 고통이어서는 안 된다. 누군가는 "밤을 새워서 자소서를 써봐야 자소서를 쓰는 실력을 키울 수 있다."라고 말하지만, 반대로 필자는 "자소서를 쓰면서 절대로 밤을 새우면 안 된다."라고 말한다. 그 이유는 우리가 쓰는 자소서가 공공기관 자소서이기 때문이다. 최근 자소서를 적부평가하는 공기업이 많지만 자소서는 반드시 써야 한다. 자소서를 쓰는 것이 고통스러워 지원한 기업 중 서류접수 기간과 필기시험 기간이 겹치면 자소서 쓰는 것을 피하기 위해 서류접수 기간인 기업을 포기하는 경우가 많다.

자소서 작성이 어렵지 않다는 것이 아니다. 당연히 어렵다. 그러나 어려움을 줄일 수 있다. 아무것도 쓰지 못하고 계속 무엇을 쓸지 고민하다 보면 글쓰기가 고통스러운 일이 되고 자신을 학대하게 된다. 우리는 이 현실의 시스템에 길들여져 있다. 생각한 만큼, 노력한 만큼 결과가 나오길 기대하지만 자소서는 그렇지 않다. 아무리 노력해도 아무것도 쓰지 못할 수도 있다. 힘들어도 결과가 좋다면 우리는 버틸 수 있고, 심지어 재미를 느끼기도 한다. 그렇게 하기 위해서는 무작정 자소서를 쓰면서 훈련하는 것이 아니라 먼저 글을 쓰는 방법과 태도를 알고 접근해야 한다. 그리고 여러 훈련을 통해 자소서 작성이 고통이 아니라는 것을 알아야 한다. 일단 바로 자소서를 쓰지 않고 먼저 '자소서를 쓰는 전 단계'를 준비한다는 것을 잊지 않길 바란다.

② 자소서 알아보기

공공기관 자소서 작성에 앞서 우리는 자소서가 무엇인지 알아보아야 한다. 자소서는 단순히 자기를 소개하는 글쓰기가 아니다. 자소서 작성을 어려워하는 학생들이 많은데 우리가 왜 자소서 작성을 어려워하는지 생각해 볼 필요가 있다. 첫째, 우리는 자소서 작성법을 배운 적이 없다. 정확하게는 글쓰기 방법을 배운 적이 없다. 혹자들은 STAR기법이라고 이야기하면서 '이렇게만 하면 쓸 수 있다.'라고 주장하지만, 실제 자소서를 쓰는 학생들은 그렇지 않다. 둘째, 우리는 자소서라는 개념을 모른다. 어떤 학문을 공부하더라도 그 개념을 알고 시작하는 것이 원칙이다. 하지만 자소서라는 개념을 모르니 자소서를 잘 쓸 리가 없다. 어깨너머로만 배운 지식이니 그럴 수밖에 없는 것이다. 셋째, 우리는 글을 쓰는 태도를 배운 적이 없다. 글을 쓰는 태도는 비합리적인 과정을 거쳐야 나올 때가 있다. 그런데 그 부분을 배워본 적이 없고 들어본 적도 없으니 자소서를 쓸 때마다 힘든 것이다.

그렇다면 자소서란 무엇일까? 한마디로 정의하면 자소서는 '논리적으로 조건에 맞게 자신을 표현하는 글쓰기'이다. 즉 자소서는 논리적인 글쓰기, 조건에 맞는 글쓰기, 자신을 표현하는 글쓰기인 것이다. 그렇다면 글쓰기가 무엇인지 먼저 알아야 한다. 자소서의 정의에서 모든 부분을 다 호응하고 있는 내용이기 때문이다. '글쓰기'의 정의를 알아보자.

글쓰기에는 '플롯(스토리를 구성하는 글의 뼈대)'과 '스토리'가 있어야 한다. 자소서를 쓸 때 본인이 무엇을 쓰는지 모르고 쓰는 경우가 많은데, 모든 글에는 플롯과 스토리가 있어야 한다. 다음 자소서 항목을 살펴보자.

> **지원자 본인이 동료들과 함께 어떤 일을 할 때 주인의식을 가지고 자신이 맡은 일을 보다 더 잘하기 위해 노력하는 사람임을 보여주는 경험을 구체적으로 기술하시오.**

자소서 항목은 사실 매우 추상적인 단어로 구성된다. 위의 자소서 항목에서 가장 추상적인 단어는 '주인의식'이다. 그렇다면 우리는 '주인의식'이 무엇인지 알아야 한다. '주인의식'이라는 단어를 말로 설명하거나 글로 정의해 보라고 하면 말문이 턱하고 막힐 것이다. '소통', '합의', '갈등' 등 추상적인 단어를 수없이 많이 알고 있음에도 불구하고 정작 그 단어들을 문장이나 정확한 말로 표현하기는 매우 어렵다. 즉, 우리는 그 단어를 느낌으로만 알고 있지만 한국어이기 때문에, 뜻이 통하기 때문에, 감정이 통하기 때문에 정확한 뜻풀이 없이도 아는 것이다. 하지만 우리는 자소서를 써야 한다. 자소서를 쓰는 것은 글로 표현하는 작업이기 때문에 정확한 단어의 뜻을 알아야 자신의 행위를 쓸 수가 있다. 그러므로 느낌만으로 아는 것이 아니라 정확한 단어의 뜻을 해석해야 한다. 예를 들어보자.

> • 주인이 되는 의식(X)
>
> • 문제점을 발견하면 스스로 문제점의 해결 방법을 제시하여 조직이나 개인에게 이롭게 되도록 하려는 의식(O)

주인의식의 두 가지 의미 중 첫 번째는 풀이이고, 두 번째는 개념 정의라고 한다. 자소서를 쓸 때는 단어의 개념을 정의해야 본인이 무엇을 써야 하는지 정확하게 알 수 있다. 그러므로 단어를 해석할 때는 단순히 단어를 풀이하는 것이 아니라 단어의 정확한 개념을 이해해야 한다.

또한 자소서 항목을 살펴보면 '자신이 맡은 일을 보다 더 잘하기 위해 노력'한다는 문장이 나온다. 결국 주인의식은 자신이 맡은 일을 책임감 있게 더 잘하기 위하여 노력했던 행위에 대해 써야 하는 것이고, 더 중요한 것은 자신이 '왜' 더 잘하기 위해 노력한 것인지에 대해 이야기해야 한다는 것이다.

그러므로 자소서에서 가장 먼저 해야 하는 일은 가장 핵심적인 단어를 정확하게 정의하고 이해하는 것이다. 그렇게 해야 자소서에 무엇을 써야 하는지 명확하게 알게 되어 자소서의 플롯과 스토리를 만들 수 있고 자소서를 쓸 준비가 되는 것이다.

③ 나를 표현하는 글쓰기

1. 나를 표현하는 글쓰기란?

자소서란 '자신을 표현'하는 글쓰기이다. 여기서 자신을 표현한다는 말을 정확하게 이해해야 한다. 자소서는 본인의 기억에 의존해서 쓰면 큰 낭패를 볼 수 있다. 본인의 기억에는 본인이 없기 때문이다. 그래서 기억에 의존해서만 쓰다 보면 본인의 이야기가 아닌 다른 사람의 이야기를 하는 자소서를 쓰는 경우가 있다. 이런 이야기를 하면 '자소서를 만들어 써야 하나?'라는 의문을 품을 수 있다. 이 부분은 조금 조심해야 한다. 내가 '그렇다'라는 결론을 내게 되면 소재마저도 만들 수 있다고 생각하기 때문이다. 소재는 바꿀 수 없다. 다시 말해 없는 이야기를 만들어낼 수는 없다. 하지만 디테일한 부분은 바꿀 수 있다.

당신은 당신의 기억을 100% 믿고 있는가? 인간의 기억은 조작적 기억과 비조작적 기억으로 나뉜다. 조작적 기억은 우리가 원하는 대로 기억하는 것이고, 비조작적 기억은 객관적으로 기억하는 것이다. 우리는 대부분 조작적 기억으로 어떤 상황을 기억한다. 더 나아가 우리의 기억에 자신은 절대 존재하지 않는다. 우리 앞에 펼쳐진 풍경만을 기억하는 것이다. 아래의 자소서를 살펴보자.

> **지원자 본인이 동료들과 함께 어떤 일을 할 때 주인의식을 가지고 자신이 맡은 일을 보다 더 잘 하기 위해 노력하는 사람임을 보여주는 경험을 구체적으로 기술하시오.**
>
> 필리핀 봉사활동에 참여를 한 적이 있었습니다. 봉사활동의 내용은 가난한 아이들에게 영어로 산수와 과학을 가르치는 일을 하는 것이었습니다. 아이들은 교육에 대한 열의가 없었습니다. 먹을 것에만 신경을 쓰고 공부에는 전혀 관심을 보이지 않았습니다. 아이들이 배울 열의가 없자 <u>저도 어느 정도 포기를 하려고 했습니다. 그러나 그때 그걸 알아채신 봉사단 팀장님께서 아이들의 곁으로 다가가는 방법을 가르쳐주셨습니다. 아이들은 이 분위기가 낯설고 처음이라서 그렇다고 말씀하시면서 네가 먼저 다가가 보라고 말씀하셨습니다.</u> 아이들에게 먼저 다가가 많은 것들을 가르쳤습니다. 저의 노력을 아이들이 알아주었는지 아이들이 삼삼오오 저에게 모여들었습니다. 결국 그것이 인연이 되어 지금도 가끔씩 그들과 메일을 주고받으면서 인연을 이어나가고 있습니다.

주인의식은 앞에서 정리했듯이 '문제점을 발견하면 스스로 문제점의 해결 방법을 제시하여 조직이나 개인에게 이롭게 되도록 하려는 의식'이라고 할 수 있다. 여기에서 앞의 자소서의 첫 번째 문제점이 나타난다. '저도 어느 정도 포기를 하려고 했습니다.'라는 문장이다. 주인의식을 가지고 있으면 포기를 하는 것이 아니라 문제의 원인을 파악해야 한다. 그리고 포기하지 않고 반드시 문제를 해결해야 한다. 그렇기 때문에 이 문장 자체가 나오면 안 되는 문장이 되는 것이다. 이 글을 쓴 사람도 느낌상으로는 주인의식에 대해 알고 있다. 그렇기 때문에 이상한 문장을 쓰는 것이다. '어느 정도 포기'라는 말은 없는 말이다. '포기한다' 또는 '포기하지 않는다'로 나뉘기 때문에 '어느 정도 포기'라는 말 자체가 논리적으로 성립되지 않는다. 두 번째 문제점은 본인의 행위가 전혀 드러나지 않는다는 것이다. 오히려 '봉사단 팀장님'이 주목받는 자소서이다. 자소서에는 반드시 본인의 이야기를 써야 하는데 '아이들에게 다가가 많은 것들을 가르쳤습니다.'라는 한 부분에서만 본인을 나타내고 있다. 자소서에 본인이 드러날 수 있도록 이를 첨삭해 보면 다음과 같다.

지원자 본인이 동료들과 함께 어떤 일을 할 때 주인의식을 가지고 자신이 맡은 일을 보다 더 잘하기 위해 노력하는 사람임을 보여주는 경험을 구체적으로 기술하시오.

자소서 첨삭하기

필리핀 봉사활동에 참여를 한 적이 있었습니다. 봉사활동의 내용은 가난한 아이들에게 영어로 산수와 과학을 가르치는 일을 하는 것이었습니다. 아이들은 교육에 대한 열의가 없었습니다. 먹을 것에만 신경을 쓰고 공부에는 전혀 관심을 보이지 않았습니다. 아이들이 배울 열의가 없자 저도 어느 정도 포기를 하려고 했습니다. 그러나 그때 그걸 알아채신 봉사단 팀장님께서 아이들의 곁으로 다가가는 방법을 가르쳐 주셨습니다.(봉사단 팀장님께서 아이들 곁으로 다가가는 방법을 가르쳐 주는 것이 아닌 본인이 포기하지 않고 스스로 문제를 해결할 수 있는 방법을 찾아야 합니다.) 아이들은 이 분위기가 낯설고 처음이라서 그렇다고 말씀하시면서 네가 먼저 다가가 보라고 말씀하셨습니다. 아이들에게 먼저 다가가 많은 것들을 가르쳤습니다.(어떻게 가르쳤는지 정확하게 방법이 드러나야 합니다.) 저의 노력을 아이들이 알아주었는지 아이들이 삼삼오오 저에게 모여들었습니다.(본인이 본 풍경만을 이야기하는 것이 아니라 어떤 방법을 통해 문제를 해결했는지 이야기해야 합니다.) 결국 그것이 인연이 되어 지금도 가끔씩 그들과 메일을 주고받으면서 인연을 이어나가고 있습니다.

첨삭에 따라 고쳐 쓴 자소서

필리핀 봉사활동에 참여를 한 적이 있었습니다. 봉사활동의 내용은 교육시설을 지어주고 그 안에서 아이들에게 가장 기초적인 교육을 시키는 것이었습니다. 저는 그 안에서 아이들에게 영어로 산수와 과학을 가르치는 일을 담당했습니다. 아이들은 대부분 기초 생활도 되지 않는 가난한 아이들이라 교육에 대한 열의가 부족했습니다. 먹을 것에 더 많은 관심을 보였고, 산수와 과학에는 전혀 관심을 보이지 않았습니다. 처음에는 아이들이 배울 열의가 없었습니다. 그러나 포기할 수는 없었습니다. 비록 작은 봉사라고 하더라도 상대에게 최선을 다하지 않으면 자신이 선택한 길에 대해 후회할 것이 분명했기 때문입니다. 그래서 방법을 바꿔보기로 했습니다. 아이들에게 먹을 것을 주고, 교육시설을 지을 때, 아이들 곁으로 가서 돌멩이와 벽돌, 빵들을 놓고 수에 대한 개념을 가르쳤습니다. 그리고 벽돌 쌓기를 하면서 중력, 지렛대의 원리 등을 가르쳐 주었습니다. 아이들은 매일같이 삼삼오오 저를 중심으로 모여들었습니다. 그리고 공부에 호감을 가지기 시작했습니다. 그들은 공부의 필요성을 알게 되었고, 지금도 그들과 가끔씩 메일을 주고받으며 인연을 맺고 있습니다.

위의 자소서에서 바뀐 부분은 먼저 '포기할 수는 없었습니다.'라는 내용이다. 포기할 수 없었다면 반드시 이유가 나와야 하므로 '비록 작은 봉사라고 하더라도 상대에게 최선을 다하지 않으면 후회할 것이다.'라는 내용이 이어진다. 그리고 봉사단 팀장님은 사라지고 자신의 행위에 대한 이야기로 가득 차 있다. 이것이 본인의 이야기를 하는 자소서인 것이다. 자소서는 원래 강제성이 강한 글쓰기이다. 항목은 전부 '조건'으로 되어 있고 조건에 맞게 자신의 생각과 경험을 끼워 맞춰야 하기 때문이다. 그러므로 자소서에 등장하는 인물은 본인이 아닐 수도 있다는 점을 알고 있어야 한다. 그래서 자소서를 '자소설'이라고 부르기도 하는 것이다. 즉, 우리의 기억에는 없는 것을 만들어서라도 적어야 하는 것이 자소서이다. 모든 사람을 납득시킬 수 있어야 하기 때문이다. 우리의 기억이 혹은 우리의 행위가 다른 사람을 납득시키기 위해 반드시 필요한 것이 있다. 그것은 바로 본인의 캐릭터를 발견하는 것이다. '이 캐릭터라면 이 상황에서 이렇게 행동했을 것이다.'라는 보편타당한 내용이 들어가는 것이 생생한 자소서를 만드는 힘이 된다.

자소서는 이렇듯 한 단어, 한 문장을 넣기 위해 복잡한 작업을 거친다. 하지만 전혀 불필요한 작업이 아님을 명심해야 한다. 한 단어, 한 문장으로 당락이 결정될 수도 있기 때문이다. 자소서는 많은 것을 담아내는 글쓰기가 아니라 정해진 규칙을 지켜야 하는 글쓰기라는 점을 명심하고 자소서 쓰기에 몰입해 보자.

단순히 경험이 많다고 해서 자소서를 잘 쓰는 것이 아니다. 경험이 많은 사람은 많은 대로 사고를 하고, 사고를 많이 한 사람은 사고를 토대로 경험을 하는 것이 필요하다. 경험만 있다고 자소서를 잘 쓴다면 고생한 사람이 자소서를 잘 쓴다고 밖에 말할 수 없지 않은가. 글은 자신만이 가지고 있는 강력한 무기이다. 그 무기를 갈고닦아 미래의 주인이 될 수 있는 길을 가보자. 자소서는 그 초입에 불과하다.

2. 나의 캐릭터 발견하기

앞서 말했듯이 자소서는 강제성이 강하다. 항목은 전부 '조건'으로 되어 있고 조건에 맞게 자신의 생각과 경험을 끼워 맞추는 글이기 때문이다. 그러므로 자소서에 등장하는 사람은 본인이 아닐 수도 있다는 점을 알고 있어야 한다. 이것이 자소서가 '자소설'로 불리는 이유인데, 필자는 '자소설'이라는 것에 반은 동의하고 반은 동의하지 않는다.

소설이라고 하는 것은 필연의 영역에 있는 글이다. 주인공 및 등장인물은 반드시 어떤 사건의 원인과 결과가 분명한 인생을 살고 있다. 하지만 우리의 인생은 그렇지 않다. 반드시 일어나는 일이 필연적이라는 보장이 없다. 그럼에도 불구하고 자소서에서는 '필연'의 영역을 채워 넣으라는 이야기를 한다. 우리의 기억에 없는 것을 만들어서라도 적어야 하는 것이 자소서이다.

우리의 기억은 조작적 기억과 비조작적 기억으로 나눠진다고 앞에서 언급하였다. 이를 다시 설명하자면 조작적 기억은 본인의 입장에서 기억하는 것을 의미한다. 예를 들어 첫사랑을 떠올려보자. 첫사랑의 기억은 마치 흐린 안개 속에 있는 듯 좋았던 느낌만이 기억날 뿐 세세한 감정과 행위, 행동들은 거의 기억나지 않는다. 그래서 우리는 그저 '좋았어. 좋은 사람이었어.'라는 말로 첫사랑을 나타낼 뿐이다. 이처럼 조작적 기억은 느낌에 의존하는 경향이 있다. 반면 비조작적 기억은 '팩트'라고 말할 수 있으며 세세하게 사실만을 기억하는 것을 의미한다. 우리는 사실만을 기억할 수 없다. 어떠한 사실에 우리의 감정과 생각들이 군데군데 끼어 들어있기 때문이다. 그러나 글은 비조작적 기억에 의존해서 써야 한다. 원인과 결과가 반드시 있기 위해서라도 말이다.

비조작적 기억이 모든 사람에게 보편적인 동의를 얻기 위해서는 자신의 캐릭터를 반드시 알아야 한다. '이 캐릭터라면 이 상황에서 이렇게 행동했을 것이다.'라는 내용이 들어가는 것이 바로 비조작적 기억을 생생하게 나타낼 수 있는 힘이 되기 때문이다. 캐릭터는 자신의 장단점을 통해 만들 수 있다. 자소서에 사용되는 캐릭터는 완전무결한 캐릭터이다. '설득을 한 경험이 있는가'라고 묻는다면 설득을 한 경험이 반드시 있어야 하고, '갈등을 중재해본 경험이 있는가'라고 묻는다면 갈등을 중재해본 경험이 반드시 있어야 한다. 그러므로 모든 경험을 해본 캐릭터가 존재해야 하기 때문에 단점은 없어야 한다. 그렇다고 처음부터 자신의 장점만을 적어서는 안 된다. 장점과 단점은 종이 한 장 차이이기 때문이다. 본인이 생각하는 장점만을 적는다면 절대 좋은 캐릭터가 나올 수 없다. 그러므로 장단점을 모두 적어보는 것이 중요하다.

장단점을 적을 때는 약 100개가 적당하다. 많다고 생각할 수 있지만 100개 정도를 적어야 더 세밀하게 생각하는 연습을 할 수 있다. 그러므로 장점과 단점을 모두 합쳐 100개 정도를 적는 연습을 실시해 보자.

캐릭터를 발견하기 위한 장단점 적기

장점	단점
책임감이 강하다.	다혈질이다.
의리가 있다.	오지랖이 넓다.
예의가 있다.	예민하다.
열정적이다.	결벽증이 있다.
소속감이 뛰어나다.	경쟁심이 강하다.
인사를 잘한다.	의욕이 과하다.
결단력이 있다.	감정기복이 심하다.
통찰력이 있다.	외로움을 탄다.
(이하 생략)	(이하 생략)

장단점을 100개씩이나 적어야 하는 이유는 무엇일까? 글은 알고 적어야 하는 것도 있지만 '체득'하는 것도 중요하기 때문이다. 체득이란 몸으로 익힌다는 것이다. 장단점을 100개 정도 적는 것은 무척 힘들 것이다. 자신의 장단점을 적는 것이 왜 힘이 드는 것일까? 그 이유는 우리가 어떤 것이 장점인지, 혹은 어떤 것이 단점인지를 잘 모르기 때문이다. 성격은 상대적이어서 상대방이 나의 성격을 규정하기 때문에 장단점을 구분하기가 어려운 것은 사실 당연한 결과이다. 예를 들어 A라는 팀에 속해 있을 때, "넌 성격도 좋고, 활발하고, 재미있게 이야기를 잘하는 것 같아."라는 말을 들었는데, B라는 팀으로 옮기면서 "넌 너무 튀는 것 같아."라는 말을 들을 수도 있다. 분명 자신의 행동에 달라진 점은 없는데 말이다. 그러므로 본인이 무엇이 장점이고 무엇이 단점인지 고민하는 것은 당연하다.

그럼에도 불구하고 이를 적어야 하는 첫 번째 이유는 본인의 가치 판단에 대한 부분을 명확하게 알기 위해서이다. 자기가 '스스로에 대해 어떻게 생각하는지'를 아는 것은 자소서를 쓰는 데 매우 중요한 부분이다. 그래서 장단점을 100개씩이나 적는 것이다. 두 번째 이유는 디테일하게 생각하는 습관을 기르기 위해서이다. 장단점을 20개에서 30개 정도 쓰게 되면 아마 그다음부터는 하나를 쓰는 데 많은 '장면'을 떠올리게 될 것이다. 이 '장면'이 중요하다. 장면을 떠올리면서 자소서를 쓸 때 '자신을 상상'하는 것을 체득하게 되기 때문이다. 그렇다면 장단점 100개를 쓰는 것이 계속해서 필요한 것인가? 그렇지 않다. 자신이 쓴 100개의 장단점을 다시 읽어보기만 하더라도 자신이 체득한 것을 다시 떠올릴 수 있다.

이렇게 자신의 장단점을 적으며 구체적으로 생각하는 것을 체득했다면 그다음 할 일은 장점을 지우고 단점만 보면서 단점을 장점으로 바꾸는 것이다. 즉, 자신의 단점을 변명하라는 이야기이다. 이 작업을 통해 하나의 캐릭터가 탄생한다. 단점을 장점으로 바꿀 때, 제대로 된 캐릭터를 표현하기 위해서는 과하다 싶을 정도로 장점화를 해야 한다.

단점을 장점화하기

단점	장점화하기
다혈질이다.	추진력이 좋고, 일처리가 빠르다.
오지랖이 넓다.	다양한 분야에 관심이 많고, 노력한다.
예민하다.	사회적 변화, 자신의 주변 변화를 빨리 파악한다.
결벽증이 있다.	깔끔한 성격으로 일을 처리할 때도 깔끔하게 처리하는 능력이 있다.
경쟁심이 강하다.	경쟁이 자신을 발전시키는 토대가 된다.
의욕이 과하다.	계획을 세우는 일을 좋아한다.
감정기복이 심하다.	변화에 민감하고, 공감능력이 뛰어나다.
외로움을 탄다.	소속감을 대단히 중요하게 생각한다.
(이하 생략)	(이하 생략)

조금 과하다 싶을 정도로 단점을 장점으로 바꾸면 캐릭터가 보이게 된다. 위의 캐릭터는 추진력이 빠른 브레인 같은 캐릭터이다. 그렇다고 인간적인 미가 없는 것도 아니다. 타인에 대한 공감능력이 뛰어나기 때문에 리더십도 있을 것으로 짐작된다. 주의할 점은 여기까지 오면 본인이 아닌 캐릭터만을 생각해야 한다는 점이다. 이제 자소서에 써야 할 것은 무엇이겠는가? 구체화하지 않은 부분이 있다면 이제 구체화해 보는 것이 중요하다. 다음 문장을 보면서 자세히 이야기해 보자.

> 저는 마케팅의 실무역량 강화를 위해서 인턴 업무에 최선을 다했으며, 인턴 기간 중에도 광고와 마케팅 공모전에 도전하여 습득한 마케팅 능력을 활용하기 위해 노력하였습니다.

위의 문장에서 가장 중요한 부분이 빠져 있다. 바로 '어떤 습득'을 했는지 나타나 있지 않은 것이다. 이제 위에서 만든 캐릭터가 '어떤 습득'을 했을 것인가를 상상해 보면 된다. 이 영역이 바로 필연의 영역을 만드는 상상력이다. 캐릭터는 변화를 파악하는 능력이 뛰어나다. 그러므로 인턴 기간 중에 돌발행동에 대처하는 능력을 습득하고 사회적 변화를 파악하는 방법을 배웠을 것으로 짐작된다. 다시 한번 말하지만 지금 이야기하는 부분은 상상의 영역에서 이루어지는 부분이다.

저는 마케팅의 실무역량 강화를 위해서 인턴 업무에 최선을 다했으며, 사회 변화 파악, 돌발 상황 대처능력을 배웠습니다. 그리고 마케팅 공모전에 도전하여 마케팅 능력을 활용하기 위해 노력하였습니다.

우리는 이처럼 한 단어, 한 문장을 쓰기 위해 복잡한 작업을 하는 것이다. 하지만 이런 작업은 반드시 필요하다. 다시 말하지만 자소서는 한 단어, 한 문장에 당락이 결정되기 때문이다. 자신의 캐릭터를 만들 때 반드시 알아야 할 점은 자신과 캐릭터를 일치시킬 수 없다는 점이다. 캐릭터는 말 그대로 자신이 아니다. 캐릭터를 만들고 그 안에 비어 있는 부분을 채워 넣는 작업을 해야 한다. 단, 캐릭터로 너무 많은 것을 담아내려고는 하지 말아라. 자신의 자소서가 아니게 될 테니 말이다.

4 논리적인 글쓰기

1. 인과관계 명확히 하기

논리적이라는 것은 인과적이며 추상적인 개념을 구체화해야 한다는 뜻을 가지고 있다. 자기소개서가 인과적이기 위해서는 반드시 본인의 경험에서 이유를 찾아야 한다. 대부분 우리는 수동적으로 경험하거나 우연히 경험하는 경우가 많다. 그런데 자소서에서 원하는 것은 왜 그 경험을 했느냐는 것이다. 자신의 경험 영역을 펼쳐 이유를 찾아서 이 부분을 만들어야 한다. 한 취업 준비생의 자소서를 예로 들어보자.

> "저는 나눔의 집 봉사활동을 한 적이 있습니다. 나눔의 집 봉사활동을 통해 일본군 성노예 할머니들의 이야기를 직접 들을 수 있었습니다. …(하략)"

이 내용을 보고 어떤 궁금증이 드는가? 나눔의 집 봉사활동을 왜 하게 되었는지 좀 더 구체적으로 작성하면 인과관계가 드러나는 자소서가 될 것이다. 이 자소서를 첨삭해 주면서 구체적인 부분을 이끌어내기 위해 자소서 작성자와 인터뷰를 진행했다. 가장 먼저 물어본 것은 "왜 나눔의 집 봉사활동을 했는가"였다. 돌아온 대답은 당연히 "그냥 했어요."였다.

당연한 일이다. 기대도 하지 않았다. 원래 우리가 하는 일 중에 반드시 이유를 가지고 하는 일은 별로 없다. 하지만 어쩌겠는가? 자소서에서 이유를 바라는 것을. 그래서 다시 "일본군 성노예 할머니들을 그 전에 본 적이 있는가?", "수요집회를 본 적이 있는가?"라고 물어봤다. 당연히 없었다. 그다음으로 "일본 대사관 근처를 가본 적이 있는가?"라고 물어봤고 일본 대사관 근처가 어딘지 모르겠다고 하여 광화문에서 안국역 근처라고 알려주니 그 근처에서 배달 아르바이트를 한 적이 있다고 했다. 그래서 다음과 같이 쓰라고 지도해 주었다.

> "저는 안국역 근처에서 배달 아르바이트를 한 적이 있습니다. 그때 수요집회를 하는 할머니들을 알게 되었고 그다음부터 계속 관심을 가지게 되었습니다. 그리고 아르바이트가 끝나고 나눔의 집 봉사활동을 하게 되었습니다. …(하략)"

위와 같이 고치자 인과관계가 분명하게 보이는 자소서로 변했다. 이것을 보고 '거짓말을 했다.'고 할 수 있을까? 사실 어떻게 보면 안국역 근처에서 배달 아르바이트를 했는데 수요집회 앞으로 지나다니지 않은 것이 더 이상하지 않은가? 이렇듯 기억에 의존해 쓰는 자소서는 절대 인과관계를 만들 수 없다. 자신의 기억 밖에 있는 것들, 자신의 행위를 유추하여 자신이 한 일에 인과관계를 주는 것들을 유추해야 한다. 이를 찾아내는 것이 논리적인 자소서의 첫걸음이다. 인과관계를 명확히 하는 방법을 좀 더 살펴보자.

> 1. 인턴을 하면서 공공기관에 관심을 가지게 되었다.
> 2. 공공기관에 관심이 생겨 인턴을 하게 되었다.

위의 1번과 2번에서 어떤 것이 '상식적으로' 원인과 결과가 자연적인가? 분명 2번이라고 할 것이다. 그러나 우리는 실제 상황에서 인턴을 하면서 느낀 회사의 분위기가 좋아 회사에 관심을 가지는 등 1번처럼 생각하는 경우가 많다. 하지만 이건 실제 상황이고 자소서에서 원하는 것은 '상식적인' 내용이다. 그러므로 자소서를 쓸 때는 2번과 같이 써야 한다.

인과관계는 본인의 생각을 써도 되고, 자신이 한 업무를 연결해도 된다. 예를 들어 어떤 공모전에서 입상하지 못했다고 해보자. 그렇다면 그것을 자소서에 쓸 수 있을까? 당연히 쓸 수 있다. 회사에서도 어떤 일을 할 때 그 일이 실패로 돌아갈 수도 있다. 하지만 최대한 실패하지 않도록 해야 하며, 만약 실패를 한다면 왜 실패했는지를 분석해야 한다. 즉 자기반성과 노력이 있어야 하는 것이다. 자신의 경험과 역량을 연결한 자소서 사례를 살펴보자.

지원자 본인이 생각하는 한국전력에 지원한 직무분야에 대한 효과적인 직무수행하기 위해 필요한 능력과 그 능력을 개발하기 위하여 최근 3년 이내 어떤 노력을 기울였는지, 또 그 능력을 활용했던 경험과 결과를 기술해 주시기 바랍니다.

광고 및 마케팅 공모전 도전을 했지만 입상하지 못한 적이 있었습니다. 저의 부족한 부분을 분석해보니 실무 경험이 없어 실무와 연결된 실제 상황을 잘 이해하지 못했던 것이라 생각했습니다. 저는 이런 부족한 부분을 채우기 위해서 온라인 마케팅 회사의 인턴을 지원하여 근무하게 되었습니다. 저는 마케팅의 실무역량 강화를 위해서 인턴 업무에 최선을 다했으며, 인턴기간 중에도 광고와 마케팅 공모전에 도전하여 습득한 마케팅 능력을 활용하기 위해 노력하였습니다. 인턴 수료 이후 저는 마케팅 능력을 활용하고 경험을 쌓기 위해 중소상인 돕기 프로젝트팀에 합류하였고 추첨을 통해 선발된 이자카야(수유점)의 매출 상승 및 고객확보를 위해 페이스북과 블로그를 이용한 바이럴마케팅과 해당 업체에서만 즐길 수 있는 메뉴를 부각시키는 니치마케팅을 기획하여 실시하였습니다. 이를 통하여 프로젝트팀은 기간 내 영업 매출 상승이라는 목표를 이룰 수 있었습니다. 저는 프로젝트팀 활동을 통해서 마케팅에 대한 실전경험을 익힐 수 있었으며, 또한 기업경영에 있어 마케팅의 중요성을 느끼고 다양한 지식과 경험을 겸비한 마케팅 전문가 되기 위해 노력하고 있습니다. 저는 이런 마케팅 홍보능력과 PPT 작성능력, 시장분석능력을 통해 에너지 신사업 분야의 마케팅과 이해관계자의 설득에 도움이 될 수 있습니다.

위의 자소서도 완벽한 자소서는 아니지만 자신의 경험과 역량을 인과관계에 맞게 연결한 것만 본다면 충분히 성공적인 형태의 자소서이다. 마케팅 능력을 활용하고 경험을 쌓기 위해 중소상인 돕기 프로젝트팀에 합류한 점, 바이럴마케팅을 실시한 점을 통해 자신이 마케팅 영역에서 부족한 점을 느끼고 보완한 점을 썼기 때문이다. 이 자소서를 읽고 혹시 '공모전에 많이 참여해야 하나?'라고 생각한다면 오산이다. 자신의 능력을 알고 자신이 한 경험을 토대로 구체화했을 뿐이다. 경험은 경험 그 자체로서의 능력을 갖추고 있지 않다. 경험이라고 하는 것에 자신이 어떤 의미를 부여하느냐에 따라 경험의 경중이 달라진다. 이를 위해 필요한 것이 포트폴리오를 정리하는 것이다.

2. 나만의 포트폴리오 만들기

보통 자기가 한 경험을 나열하면 처음부터 디테일하게 쓰지 못한다. 처음에는 생각나는 경험이나 자랑하고 싶은 경험을 거칠게 쓰면 된다. 이때 자신감을 잃어서는 안 된다. 이렇게 쓰다 보면 자기가 한 경험이 너무 없다는 생각을 많이 하게 되는데 절대 그렇지 않다. 단지 기억나는 것이 없을 뿐이다.

우리 인생을 되짚어보면 정확하게 기억나는 일들이 많지 않다. 인간은 망각의 동물이기 때문이다. 우리가 한 일들을 모두 기억한다면 우리의 뇌는 이미 과부하에 걸려 있을지도 모른다. 그래서 자신이 한 일들의 '의미'를 찾아야 한다. 여기에서 의미라고 하는 것은 자신이 한 일의 시점에서 보는 것이 아니다. 지금 와서 생각해보니 나에게 어떤 의미가 있었는지를 밝히는 것이다. 예를 들어 공모전에 계속 도전했지만 입상은 한 번밖에 못했을 경우, 지금 와서 생각해보니 공모전에 도전할수록 내공이 쌓여갔고 자신의 능력을 인정받기 위해 도전한 행동은 자신에게 있어 큰 자산일 것이라고 추측하는 것이다.

이렇게 추측한 것을 구체적으로 '어떤 자산'인지 밝히고 생각하는 것이 자소서이다. 처음에는 구체적으로 쓰지 못하지만 계속해서 논리적인 사고를 이어가다 보면 어느 순간 하나의 실마리를 통해 구체적인 언어가 생각나게 된다. 이를 '프루스트 효과'라고 한다. '프루스트 효과'란 마르셀 프루스트(Marcel Proust)의 소설 『잃어버린 시간을 찾아서』에서 기원한다. 이 소설의 주인공은 마들렌의 냄새를 통해 자신이 기억하지 못하던 시간을 찾아가게 된다. 이제부터라도 자신의 경험을 나열하고 다시 의미를 되짚는 연습을 해보자. 그러면 자신이 가지고 있는 조그마한 경험들이 실마리가 되어 큰 의미를 가져다줄 것이다.

또한 자신이 한 경험을 토대로 자신의 역량을 연결해야 한다. 채용 공고문의 NCS 기반 직무기술서를 보면 필요지식, 필요기술, 직무수행태도가 있을 것이다. 이것을 참고하여 자신의 경험과 역량을 연결해야 좋은 자소서를 쓸 수 있다.

나만의 포트폴리오 만들기

시기	경험	의미(현재의 시점에서)	획득한 역량
2014	• 인력경호업체 입사	주체적으로 일을 하고 싶다는 생각이 막연하게 들었고, 지금 와서 생각해보니 창업하는 사람들이 멋있다고 생각했다.	• 대인관계능력 • 의사소통능력 • 팀워크 능력
2014	• 인력경호업체 퇴사		
(생략)			
2015	• 의류 쇼핑몰 창업 계획	창업을 위해 전방위적으로 알아야 한다는 것을 알았다. 단순 아이디어가 아니라 이를 위해 재무, 회계, 마케팅 능력을 갖춰야 한다는 것을 알게 된 계기이다.	• 마케팅, 기획 능력 • 재무, 회계 능력
2015	• 창업 계획 무산 (금전적 문제)		
(생략)			
2015	• 레드브릭스(온라인 마케팅 회사) 인턴 시작	나에게 모자란 것이 마케팅이라고 생각했다. 그래서 먼저 가장 접근이 쉬운 것부터 찾았다.	• 마케팅 능력 • PPT 작성 능력 • 시장분석 능력
(생략)			
2018	• 다문화 인식개선 동영상 제작 및 배포 • JEI 공모전 출전	내 능력이 모자란 것은 마케팅뿐만 아니었다. 계속 공모전을 준비하면서 재무 설계, 문장능력, 발표능력, 팀 운영능력을 하나씩 배워갔다.	• 문서작성능력 • PPT 작성 능력 • 팀 내 의사소통능력 • 재무 설계 능력
2018	• 학과 내 프로젝트팀 평가에서 최우수 등급을 획득함		
2018	• 야놀자 마케팅 공모전 출전		
2018	• 수림문화재단 아이디어 공모전 출전		
2019	• 제6회 중소기업 바로 알리기 공모전 출품		
(생략)			
2019	• 2019 KDB(산업은행) 스타트업 프로그램 • 최종 창업 팀 선발에서 아쉽게 탈락	지금 와서 생각해보면 마케팅 능력 아이디어를 검증 받고 싶은 것이 아니라 회계, 재무에 관한 것을 배우고 싶었다. 그리고 탈락 후 이론에 대해 공부하고 있다.	• 회계 재무에 관한 이론 • 회계 설계 이론 • 아이디어 회의 능력 • 시장분석 능력

위와 같은 포트폴리오를 만들면 역량, 인재상과 관련된 내용은 전부 연결할 수 있다. 자소서를 쓰는데 이런 작업까지 해야 하는지 의심스러울 수 있지만 우리가 가진 언어능력의 한계를 넘어야 자소서가 더 구체화되고 자연스러워질 수 있다. 이는 뒤에서 나올 기업 분석과 연결되므로 여기에서 반드시 작성해 보는 것이 좋다.

⟨5⟩ 조건에 맞는 글쓰기

1. 조건에 맞는 글쓰기의 중요성

자소서에서 '경험과 관련된 항목'은 대부분 문제해결능력이나 대인관계능력에 대한 내용을 이야기하고 있다. 즉, 문제점이 생겼을 때 그 문제를 어떤 방법으로 해결했는지 묻는 항목이다. 이 항목을 쓸 때 주의할 점은 추상적인 경험을 쓰는 것이 아니라 디테일한 경험을 통해 자신이 배운 것과 자신의 생각을 써야 한다는 점이다. 그래서 먼저 해야 하는 것이 개념 정리와 방법론을 찾는 것이다.

이는 자소서를 쓰는 태도에 대한 지적이다. 우리는 자소서를 쓸 때 '난 어떤 경험을 했지?'라는 생각에 사로잡힌다. 예를 들어 '예상치 못했던 문제로 인해 난관에 부딪혔을 때 이전과는 다른 방식으로 문제를 해결하였던 경험(당시 발생했던 문제상황과 본인이 제시했던 해결방안을 함께 기술)을 작성해 주십시오.'라는 자소서 항목을 보면 우리는 가장 먼저 '난 예상치 못했던 문제가 있었던 경험이 있나?', '난 난관에 부딪힌 경험이 있나?'라는 생각이 떠오른다. 그리고 당연하게 '없다.'라는 결론이 나올 것이다. '없다'라는 결론이 나올 수밖에 없는 이유는 앞서 말했듯이 우리의 기억이 완전하지 않기 때문이다. 우리는 무엇인가를 인지하면서 살아가지 않는다. 그러므로 디테일하게 모든 경험을 기억하고 있지 않을 뿐만 아니라 어떤 경험을 할 때 이유를 찾아가며 경험하지 않는다. 그럼에도 왜 자소서에서는 구체적인 경험과 그 경험을 하게 된 이유를 원하는 것일까? 그 이유는 회사에서 필요한 능력이기 때문이다.

자소서를 쓰는 대부분의 사람들은 어떤 정답의 틀에 맞춰 써야 한다고 생각한다. 그래서 ○○기법, ○○기법으로 글을 쓰는 것이 좋다고 이야기하는 경우가 많다. 물론 이런 기법이나 방법론이 통하던 시기가 있었다. 단순하게 '자기소개', '지원동기', '입사 후 포부'로 자소서 항목이 나왔을 때이다. 물론 아직까지 자소서 항목을 단순하게 제시하는 공공기관들도 소수 있지만, 대다수의 공공기관은 자소서 항목을 구체적으로 제시한다. 그러면서 공공기관 자소서의 방향성도 달라진 것이다. 일단 먼저 자소서에 자신의 생각을 구체적으로 적어야 하는 이유를 알아보자.

1. 회사에서 원하는 능력이기 때문이다.
   - 회사는 공적인 영역이다. 공적인 영역에서는 반드시 자신이 한 행동과 자신이 낸 의견에 이유가 있어야 한다. 예를 들어 회의에서 자신이 어떤 의견을 내면 상사는 "어떤 근거를 가지고 있죠?"라는 질문을 할 것이다.
   - 회사에서 보고서를 작성할 때, 반드시 디테일한 방법을 제시해야 한다. 그러므로 자소서에서도 디테일한 방법을 제시하길 원하는 것이다.

2. 사적영역과 공적영역을 구분하고 있는지 확인하기 위함이다.
   - 사적영역은 개인의 영역을 이야기한다. 개인의 영역에서는 상대방에게 주어를 이야기하지 않아도 되고, 상대방과 친해지면 자세한 설명 없이도 자연스럽게 이해할 수 있는 부분이 있다. 그러므로 사적영역에서 업무를 하면 상대방에게 모든 것을 디테일하게 이야기하지 않아도 된다고 생각하는 경향이 있다.
   - 공적영역은 서로 친하지 않더라도 업무상 만나 일을 하는 것을 의미한다. 그때는 자신이 생각하고 있는 것들과 그것에 대한 이유를 반드시 상대방에게 구체적으로 이야기해야 상대방이 받아들이게 된다. 그러므로 자소서에서 이런 능력을 확인하는 것이다.

위의 이유에서라도 자소서에 자신의 생각을 구체적으로 정확하게 써야 한다. 즉, 자소서는 자신의 스토리를 사실대로만 작성하는 것이 아니라 비어있는 스토리에 자신의 생각을 투영시켜 만들어야 한다. 이런 이야기는 대단히 불편하기도 하고, 기존에 있던 자소서 강의에 대한 부분을 뒤집는 내용일 수 있다.

하지만 분명히 이야기하고 싶은 것이 있다. 자소서 항목이 복잡해지면 복잡해질수록, 그리고 능력중심채용에 대한 부분이 강조되면 강조될수록 어느 정도는 만들어야 하는 부분이 있다는 것이다. 예를 들어보자. '본인이 참여하여 수행했던 프로젝트나 팀 작업 중 어려움이 예상되었으나 도전정신을 발휘하여 몰입해 보았던 경험에 대해 기술하여 주십시오.'라는 자소서 항목에서 반드시 들어가야 하는 것은 본인이 '어려움을 예상'한 경험이다. 자소서를 쓰는 사람들의 경험에는 반드시 어려움을 예상한 사례가 없을 수도 있다. 그렇다면 그때는 어떻게 써야 하는지 물음이 생긴다. 결론적으로 말하면 본인이 참여한 프로젝트나 팀 작업은 사실이어야만 하지만 그 안의 디테일한 스토리는 조금씩 바꿔갈 수도 있다는 점을 명심해야 한다. 그렇다면 자주 출제되는 경험과 관련된 자소서 항목을 살펴보도록 하자.

경험과 관련된 자소서 항목

NCS 분류	주요 키워드	자소서 항목
문제해결 능력	비효율적인 것을 효율적으로 바꾼 경험	본인이 기존과는 다른 방식을 시도하여 이전에 비해 조금이라도 개선했던 경험 중, 가장 효과적이었던 사례를 기술해 주십시오.
	돌발상황 대처방법	예상치 못했던 문제로 인해 난관에 부딪혔을 때 이전과는 다른 방식으로 문제를 해결하였던 경험(당시 발생했던 문제상황과 본인이 제시했던 해결방안을 함께 기술)을 작성해 주십시오.
	어려움의 종류	본인에게 닥친 어려움(난관)은 무엇이며, 어떤 내용인지 구체적인 장소, 인물, 시간 등을 기술해 주십시오.
	도전정신	본인이 참여하여 수행했던 프로젝트나 팀 작업 중 어려움이 예상되었으나 도전정신을 발휘하여 몰입해 보았던 경험에 대해 기술해 주십시오.
대인관계 능력	조직 내에서 희생해야 하는 이유	타인과 이해가 상충되는 상황에서 본인이 양보하거나 희생한 사례에 대해 이야기하고, 왜 그러한 선택을 하였는지 설명해 주십시오.
	설득의 기술	자신이 속했던 조직(학교, 회사, 동아리 등) 안에서 자신과 의견이 다른 조직 구성원을 효과적으로 설득하거나 합의를 이끌어낸 경험이 있습니까? 당시 상황을 간략하게 요약하고 성공 요인이 무엇이라고 생각하는지 기술해 주십시오.
	갈등의 종류, 갈등 해소 방법, 소통의 기술	타인과 협력하는 과정에서 갈등이 발생하였지만 소통을 통해 Win-Win을 이끌어낸 경험이 있다면 이야기해 주십시오.
조직이해 능력	업무를 습득하는 방법	새로운 일을 하게 되었을 때 그 일을 습득하기 위한 자신만의 노하우 및 관련 사례를 작성해 주십시오
자원관리 능력	시간 부족 시 해결 방법	최근 5년 이내에 수행할 시간이 절대적으로 부족했거나 해결하기 어려웠던 과제를 성공적으로 수행한 경험에 대하여 기술해 주십시오. (1) 어떤 과제 또는 직무가 부여되었으며, 시간이 부족하거나 해결하기 어려웠던 이유는 무엇인지 기술해 주십시오. (2) 과제 수행 시 발생한 장애요인을 나열하고, 이를 극복하기 위한 본인의 노력을 서술해 주십시오. (3) 과제를 수행한 결과가 어떠했는지, 과제 수행 이후 본인에게 어떠한 변화가 있었는지 기술해 주십시오.

자신의 경험을 묻는 자소서 항목은 문제해결을 어떻게 했는지에 대한 과정을 보여주는 항목으로 되어 있다. 이 항목을 쓸 때 주의할 점은 추상적인 경험을 쓰는 것이 아니라 경험을 통해 자신이 배운 것과 느낀 것을 디테일하게 써야 한다는 점이다. 경험에 대한 자소서 항목을 분석하다 보면 저절로 스토리가 만들어지는 일

도 있겠지만 스토리를 만들다 보면 분명 허술한 부분이 보일 때도 있을 것이다. 그러나 너무 당황하지는 말자. 앞에서도 말했지만 자소서라고 하는 것은 자신의 스토리를 사실대로만 기입하는 것이 아니라 비어있는 스토리에 자신의 생각을 투영시켜 만드는 것이다. 이를 위해 가장 먼저 해야 하는 것은 자소서 항목에서 키워드를 찾아 '방법론'을 미리 찾아보는 것이다. 방법론을 찾게 되면 글의 플롯을 만들 수 있기 때문이다. 그럼 자소서에서 자주 등장하는 키워드를 알아보자.

---

1. **설득**: 상대의 의견과 나의 의견이 대립할 때 자신의 의견을 100% 동의시키는 행위이다.
   - **설명을 통해 설득하는 방법**: 설명을 통해 설득하는 방법은 어떤 중요한 사항이나 개념을 중복되지 않으면서도 전체적으로 누락 없는 부분 집합으로 인식하여 설명하는 것이다. 즉 어떤 부분에 대해 전체적인 카테고리를 나누고 세부적인 카테고리로 나눠 설명하는 방법이다.
   - **유대감을 형성하여 설득하는 방법**: 투자의 귀재 워런 버핏(Warren Buffett)이 많이 사용하는 방법으로 '우리는 한배를 탄 동료'라는 의미로 많이 사용된다. 다시 말해 공통의 관심사, 목표의 상기, 상대의 이익에 대한 이해를 통해 설득하는 방법이다. 하지만 유대감을 형성할 때는 반드시 공동체의 비전을 설정해주어야 한다는 단점이 있다. 공동체의 비전 없이 유대감만 형성할 경우 반발을 살 수도 있음을 명심해야 한다.
   - **대화할 때 반론을 염두에 두고 설득하는 방법**: 이 방법을 사용하기 전에 상대의 성향을 잘 파악해야 하는데 만약 공격적인 성향이라면 상대를 먼저 칭찬하거나 공통의 관심사를 이야기하며 대화를 이끌어야 한다. 반대로 수동적인 성향이라면 상대에게 우월감을 주는 것도 방법이다. 자신의 약점을 털어놓음으로써 상대가 우월감을 느끼도록 하면 자신의 이야기를 잘 들어주는 효과가 생긴다. 그다음 상대에게 반론을 염두에 두고 자신의 논리를 이야기할 때 그 반론에 대한 대답을 자신 있게 할 수 있어야 설득력을 높일 수 있다. 확실히 대답하지 못한다면 반대로 설득을 당할 수 있다.
2. **합의**: 둘 이상의 의견을 합치하는 행위이다.
3. **소통**: 공동체에서 감정의 교류나 대화 등을 통해 감정 혹은 의견을 일치시켜 나가는 행위이다.
   - **민주적 의사소통 방법**: 다양한 의견을 수렴하여 공통점을 찾아 대화를 나누는 방법이다.
   - **행동유형을 파악하여 소통하는 방법**: 동료나 상사 등의 강점과 약점, 스트레스 요인을 미리 파악하고 커뮤니케이션을 하는 방법이다.
4. **양보**: 과업 시 자신의 행동을 철회하는 행위를 말한다. 양보하는 이유는 본인의 이익보다 팀의 이익을 우선시하기 때문이다. 또한 과업이 명확하고, 측정 가능하고, 달성 가능하고, 타당하고, 시간 제한적인 과업이라면 반드시 성공해야 한다는 명제가 명확하기 때문에 자신이 양보하는 것이 납득 가능해진다.
5. **희생**: 양보와 비슷한 것으로, 자신의 행동을 철회했을 때 금전적으로나 시간적으로 손실을 보는 경우이다. 자신의 손실에 대한 내용을 모든 팀원에게 공유하는 것이 더 좋다. 인간이 일을 하는 가장 큰 이유 중 하나는 인정받고 싶은 욕구가 있기 때문이다. 하지만 자신이 어떤 양보를 했는지 팀원들이 모른다면 손실을 보는 것이 큰 의미가 없다.
6. **기존의 방법 외에 새로운 방법**: 기존의 방법 외에 새로운 방법을 시도하는 이유는 기존의 방법이 비효율적이기 때문이다. 비효율이라고 하는 것은 시간이나 인력 등을 낭비하는 것을 말한다.

7. 문제 상황 예측: 대부분의 문제 상황은 자원을 단축할 때 발생하게 된다. 여기에서 자원이란, 시간·예산·인력·과업 달성에 들어가는 물적 자원 등을 의미한다. 예를 들어 시간 자원의 문제는 시간을 단축할 때 일어난다. 이 과업의 특징은 정해진 시간이 중요할 때가 아니라 과업의 질이 중요할 때 드러난다. 시간이 오래 걸리더라도 과업의 성공률이 높아져야 하는 상황에서 이런 문제가 나타나게 된다.

2. 자소서 항목 조건 분석

공공기관의 자소서 항목에는 반드시 조건이 나온다. 그래서 조건을 확인하면 무엇이 어떻게 들어가야 하는지를 정확하게 알 수 있다. 또한 공공기관 자소서의 가장 큰 특징은 조직에서 반드시 일어난 일이어야 한다는 것이다. 공공기관은 공익을 우선시하기 때문에 개인주의 의식보다는 공동체 의식이 우선된다는 것을 강조하기 위해 이렇게 전제해 놓은 것이다. 공공기관의 공동체 의식 때문에 공공기관이 보수적이라는 이야기가 나오지만 정치적으로 보수적일 것이라고 착각해서는 안 된다. 물론 어느 정도 보수적인 부분이 없다고는 할 수 없지만, 자소서를 쓸 때 공공기관이 정치적으로 보수적이기 때문에 자신의 논리도 보수적이어야 한다는 생각을 하지 않아야 한다. 공공기관에서 공동체 의식이 중요하다는 것만 알아두면 된다. 그렇다면 자소서 항목은 어떻게 분석해야 하는지 간단하게 알아보도록 하자.

> **자신이 속했던 조직(학교, 회사, 동아리 등) 안에서 자신과 의견이 다른 조직 구성원을 효과적으로 설득하거나 합의를 이끌어낸 경험이 있습니까? 당시 상황을 간략하게 요약하고 성공 요인이 무엇이라고 생각하는지 기술해 주시기 바랍니다.**

위의 자소서 항목을 분석할 때는 항목을 조건이라고 생각하고 세부적으로 나눠서 생각할 필요가 있다. 먼저 '자신이 속했던 조직(학교, 회사, 동아리)'이라는 조건이 나온다. 그렇다면 일단 학교나 회사, 동아리에서 일어난 사건이어야 한다는 조건이 설정된다. 그리고 두 번째는 '자신과 의견이 다른 조직 구성원을'이라는 조건이 형성된다. 그렇다면 이는 자신의 의견과 타인의 의견을 밝혀야 한다는 이야기라고 할 수 있다. 이를 합하면 다음과 같은 조건이 만들어진다.

> 반드시 자신이 속했던 조직에서 일어나야 하는 것이며, 의견이 조율이 되지 않았을 때의 상황과 소재를 써야 한다.

위와 같은 조건이 나온 뒤, 세 번째 '효과적으로 설득하거나 합의를 이끌어낸 경험이 있습니까?'라는 조건을 분석해야 한다. 여기에서 주목해야 할 단어는 '설득'과 '합의'라는 단어 중간의 '하거나'라는 단어이다. 이는 둘 중의 하나라는 뜻이다. 그러므로 '설득'을 한 경험이나 '합의'를 한 경험 둘 중 하나를 선택해서 적어야 한다. '설득'의 뜻은 '자신의 관점을 타인에게 납득시키는 것, 자신의 아이디어에 동의하게 만드는 것, 자신이 원하는 행동을 하게 만드는 것, 자신의 말에 찬성하게 만드는 것'이라고 할 수 있다. 그러므로 '설득'을 선택한 사람이라면 자신이 다른 사람을 어떻게 납득시켰는지를 적는 것이 중요하다. 여기서 반드시 실수하는 사람들이 있다. '저는 상대의 말을 경청하고, 상대가 무엇을 원하는지를 이해한 다음 상대를 설득했다.'라고 쓰는 것이다. 물론 말을 경청하는 자세도 중요하고, 니즈의 파악도 중요한 부분이다. 그런데 '상대의 말을 경청하니 설득되었다.'라는 것은 자신이 설득한 것이 아니라 설득당한 부분이라고 볼 수 있다. 그러므로 '설득'을 선택했다면 반드시 자신의 의견을 관철한 것에 관해 써야 한다.

만약 '합의'를 선택했다면 이야기는 달라진다. '합의'란 '둘 이상의 당사자의 의사가 일치하는 것'을 의미한다. 그러므로 '합의'를 했다면 서로의 주장에서 어느 정도 둘의 의사에 공통적인 부분을 찾아 그것이 공동체의 이익을 추구했다는 결과를 도출해내야 할 것이다. 이상을 다시 정리해보면 이 자소서 항목에 들어가는 조건은 다음과 같다.

> 반드시 자신이 속했던 조직에서 일어나야 하는 것이며, 의견이 조율이 되지 않았을 때의 상황과 소재를 찾아야 한다. 의견의 조율은 반드시 이 공동체의 발전에 도움이 되어야 하는 것이고, 본인은 '합의'나 '설득'의 기술을 사용했다는 사례를 들어야 한다.

이제 마지막 두 개가 남았다. '당시의 상황을 간략하게 요약'이라는 조건과 '성공 요인'이라는 조건이다. '상황을 간략하게 요약'하라는 조건은 앞에서 길게 늘어놓지 말라는 것이다. 그리고 '성공 요인'에 대한 조건은 오히려 경험은 간단하게 적고 성공 요인에 대해 좀 더 길게 적어야 한다는 것이다. 위의 조건을 모두 합하면 다음과 같은 조건이 만들어진다.

> 1. 자신이 속한 조직(학교, 회사, 동아리)에서 일어난 일이어야 한다.
> 2. 반드시 공동체의 이익이 대변되어야 한다.
> 3. 의견이 조율되지 않은 상대가 있어야 한다.
> 4. 의견의 조율은 반드시 공동체의 발전에 도움이 되어야 한다.
> 5. 의견의 조율은 반드시 '합의'나 '설득'을 통해 이루어져야 한다.
> 6. 1~5번까지의 경험은 간단하게 적어야 한다.
> 7. '합의'나 '설득'의 성공 요인이 무엇인지를 정확하게 알아야 하고 그것에 대해 적어야 한다.

위와 같은 조건을 보면 '자소서를 쓰는데 이렇게까지 분석해야 하나?'라는 생각이 들 수 있다. 그러나 기존의 자소서를 쓰는 틀과는 다르다는 것을 알아야 한다. 자소서는 논리적인 스토리를 통해 상대에게 잘 읽히도록 만드는 글이다. 이때 자소서의 항목의 조건 분석만 잘하더라도 충분히 스토리를 만들어 낼 수 있다. 위에서 분석한 내용을 바탕으로 차례대로 스토리를 만들어보자.

자신이 속했던 조직(학교, 회사, 동아리)안에서 자신과 의견이 다른 조직 구성원을 효과적으로 설득하거나 합의를 이끌어낸 경험이 있습니까? 당시 상황을 간략하게 요약하고 성공 요인이 무엇이라고 생각하는지 기술해 주시기 바랍니다.

1. 자신이 속한 조직(학교, 회사, 동아리)에서 일어난 일이어야 한다.

→ 대만 교환학생을 하던 당시 한국 학생 모임에서 축제 준비를 하면서 일어난 일

2. 반드시 공동체의 이익이 대변되어야 한다.

→ 한국의 대표적인 먹거리를 알리고, 한국의 이미지를 상승시키는 테마를 만드는 것을 목적으로 함

3. 의견이 조율되지 않은 상대가 있어야 한다.

→ 나는 어묵탕이나 떡볶이 등의 분식을 중심으로 한국의 먹거리를 알리고, 한국의 10대, 20대의 문화를 알리자고 함

→ 상대는 비빔밥, 불고기 등의 한식을 중심으로 한국의 먹거리를 알리고, 한국의 전통놀이 문화를 알리자고 함

4. 의견의 조율은 반드시 공동체의 발전에 도움이 되어야 한다.

→ 한국의 이미지를 알리는 것에는 모두 동의함

5. 의견의 조율은 반드시 '합의'나 '설득'을 통해 이루어져야 한다.

→ 의견의 조율은 '합의'를 통해서 이루어짐

→ 현실적으로 분식을 선택하고, 10대, 20대의 문화를 알리는 것보다 한국을 알리기 위해 한국의 전통놀이 문화를 알리자는 것에 동의

6. 1~5번까지의 경험은 간단하게 적어야 한다.

→ 대만 교환학생 당시 대학 축제를 준비할 때 한국 학생 모임을 중심으로 회의를 진행했다. 회의를 진행하면서 한국을 알리기 위한 목적을 가지고 축제를 준비하기로 했다. 그래서 한국의 대표적인 먹거리와 놀 거리 항목을 만들기로 했다. 나는 분식을 중심으로 먹거리를 만들고, 한국의 10대, 20대 문화를 알리자고 했으나 상대는 비빔밥, 불고기 등의 한식을 중심으로 한국의 먹거리를 알리고, 한국의 전통놀이 문화를 알리자고 했다. 그래서 의견의 조율을 실시했다. 현실적으로 분식을 선택하고 전통놀이 문화를 알리자는 것에 동의했다.

7. '합의'나 '설득'의 성공 요인이 무엇인지를 정확하게 알아야 하고, 그것에 대해 적어야 한다.

→ 우리 단체의 능력으로는 맛있는 한식을 만들 수 없다고 판단하여 현실적인 선택을 함

→ 현실적으로 분식을 제안하고, 한국을 알리자는 목적에 부합해 전통놀이를 받아들임

→ 성공 요인은 목적을 분명하게 알고, 현실적으로 가능한 부분을 제안했기 때문에 '합의'가 됨

위와 같이 먼저 항목을 분석하고, 그에 맞게 자신의 이야기를 대입하는 형식으로 작성하는 것이 좋다. 자소서에 자신의 경험을 녹여내고자 하는 사람들은 대부분 어떤 경험을 써야 하는가에 대해 고민을 많이 한다. 그러나 NCS 기반 자소서에서 원하는 것은 어떤 특별한 경험이 아니다. 위에서도 보았듯이 대다수의 경험은 자신이 학교에서 한 프로젝트, 동아리에서 한 경험들이 대부분이다. 그러므로 자신이 어떤 경험을 했는지가 중요한 것이 아니라 오히려 항목의 조건 분석을 통해 자신의 역량과 능력을 밝히는 것이 더 중요하다. 이제 앞에 나온 경험과 관련된 몇 가지 항목들을 분석해보자.

> **타인과 이해가 상충되는 상황에서 본인이 양보하거나 희생한 사례에 대해 이야기하고, 왜 그러한 선택을 하였는지 설명해 주십시오.**

위의 항목을 보면, 앞서 살펴본 자소서 항목과 비슷하다고 생각할 수 있다. 실제로도 자소서를 많이 쓴 사람들은 앞의 자소서 항목에서 쓴 사례를 그대로 쓰는 경우도 있다. 그러나 앞의 자소서 항목과 지금의 자소서 항목은 전혀 다르다고 볼 수 있다. 위의 항목에서 반드시 타인과 이해가 상충되어야 한다. 상충은 서로 이익이나 의견이 일치하지 않고 상반되어야 한다는 뜻이다. 그렇다면 여기에서 반드시 조건으로 작용하는 것은 서로의 이익에 상반되는 의견이 존재해야 한다는 것이다. 그리고 다음으로는 본인이 양보하거나 희생한 사례를 들어야 한다. 앞의 자소서 항목은 '설득'이나 '합의'에 대한 내용이지만, 지금의 자소서 항목은 정확하게 '희생'이나 '양보'를 한 사례이다. 그러므로 상충된 의견에서 본인이 양보한 사례여야 한다. 그리고 더 나아가 왜 그러한 선택을 하였는지를 반드시 설명해야 한다. 공공기관 자소서에서는 본인과 상충되는 의견이 공동체의 이익이나 목적과 더 부합하기 때문에 선택했다고 언급한다면 더 좋은 자소서가 될 것이다. 이러한 내용을 요약하여 조건을 분석하면 다음과 같다.

1. 상대가 나와 이해가 달라 의견이 일치하지 않아야 한다.
2. 내가 상대의 의견에 동의해야 한다. 조율을 하는 것이 아니다.
3. 동의를 한 이유는 상대의 의견이 공동체의 목적에 더 맞았거나, 상대의 이익이 나의 이익보다 공동체의 이익에 더 부합했기 때문이다.

여기까지 오면 분명히 '난 이런 경험이 없는데?'라는 생각을 할 것이다. 또는 '난 이런 경험이 없는데 경험을 만들어야 하나?'라는 생각도 할 수 있다. 하지만 자소서는 우연의 영역을 필연의 영역으로 만드는 것이다. 우연의 영역이라고 하는 것은 우리의 경험이라고 볼 수 있다. 우리는 사실 우연히 경험한다. 정확하게는 자소서를 쓰기 위해서 경험하지 않는다. 단지 학교생활, 대외활동, 동아리 활동을 열심히 했을 뿐이다.

그러므로 우리가 한 경험을 필연의 영역, 즉 우리가 한 경험의 결론이 이렇게밖에 될 수 없었던 이유에 대해 찾고 생각해야 한다. '경험과 관련된 자소서 항목'이 더 중요해지는 대목이다. 본인이 어떤 경험을 하게 된 이유를 스스로 찾고 생각해야 그 경험이 빛을 발할 수 있는 항목이기 때문이다. 이처럼 경험과 관련된 자소서 항목을 쓸 때 주의할 점은 자소서 항목을 구체적으로 분석해야 한다는 것이다. 다음과 같은 사례를 살펴보자.

본인이 기존과는 다른 방식을 시도하여 이전에 비해 조금이라도 개선했던 경험 중, 가장 효과적이었던 사례를 기술해 주시기 바랍니다.

자소서 항목 조건 분석은 앞에서 보았듯이 항목을 세분화해서 분석하면 된다. 위의 항목에서 중요한 포인트는 '본인이 기존과는 다른 방식을 시도'했다는 것이다. 여기에서 전제 조건으로 붙은 것이 있다. 반드시 기존에 했던 방식이 있다는 것이다. 그리고 기존의 방식이 비효율적이거나 또는 현재 트렌드에 맞지 않는 경우가 여기에 들어간다. 그다음 '조금이라도 개선했던 경험 중'이라는 말은 개선한 경험이 복수로 있다는 이야기이다. 즉 개선한 경험을 만드는 것이 필요하다. 마지막으로 '가장 효과적이었던 사례'라는 것은 기존의 방식보다 더 효율적이어야 한다는 것이다. 이러한 분석을 바탕으로 자소서 항목의 조건을 분석해 보면 다음과 같다.

1. 기존에 했던 방식과 기준이 있어야 한다.
2. 기존의 방식과 규정이 본인이 생각한 것보다 비효율적이어야 한다.
3. 기존의 방식 전체를 바꾸는 것이 아니라, 부분적인 방법을 바꾸는 것이다.
4. 프로젝트나 경험에 대한 목적을 바꿀 수는 없다.

이렇게 분석하더라도 반드시 스토리에 빈 곳이 생길 수밖에 없다. 그렇기 때문에 더 디테일하게 분석할 필요가 있다. 위의 내용을 토대로 자신의 경험을 더하는 일은 생각보다 어려운 일이다. 이렇게 분석해 나가다 보면 자신이 왜 자소서를 쓰지 못했는지 정확하게 알 수 있다. 대부분 자소서를 잘 쓰지 못하는 이유는 본인이 글을 보는 눈과 글을 쓰는 능력의 차이가 크기 때문이다. 대부분의 지원자는 글을 보는 안목은 높은 편이다. 그런데 자신이 그런 글을 쓰려고 하니 제대로 쓸 수가 없는 것이다. 너무 당연한 일이다. 글에 대한 안목이 높다고 해도 글을 쓰는 능력은 스스로 사고를 확장해야 생기기 때문이다.

그런데 자소서를 쓰는 사람들은 사고를 확장해 나가는 것이 아니라 자소서 항목을 보면서 사고를 축소해 나가는 경향이 있다. 즉, 자소서 항목을 보는 순간 자소서 항목에 맞는 경험이 무엇인지부터 찾는 것이다. '경험'이라는 것만 머릿속에 있을 뿐, 사고를 확장하지 않는다. 사고를 확장하고 사고가 넘쳐나기 시작해야 글이 나온다. 위의 방법은 사고를 확장하는 연습이므로 불편하다고 생각하지 말고, 글을 한 번에 쓰겠다고 생각하지 말고 차근차근 해나가기 바란다. 분석한 것을 바탕으로 스토리를 만들어보면 다음과 같다.

본인이 기존과는 다른 방식을 시도하여 이전에 비해 조금이라도 개선했던 경험 중, 가장 효과적이었던 사례를 기술해 주시기 바랍니다.

1. 기존에 했던 방식과 기준이 있어야 한다.
   - → 손해보험회사 지역본부에서 신상품 판촉 업무를 할 때 영업사원 물품시상을 진행하는 업무를 했다.
   - → 영업사원 물품시상은 효과적인 판매를 위해 영업사원들이 고객에게 줄 물품을 시상하는 것이다.
   - → 기존에는 물품이 고객보다는 오히려 영업사원들에게 맞춰져 있었다.

2. 기존의 방식과 규정이 본인이 생각한 것보다 비효율적이어야 한다.
   - → 내가 생각한 것은 보험상품을 구매하는 고객이 필요로 하는 물품을 시상하는 것이었다.
   - → 제품이 판매되는 시기와 판매되는 제품의 특성에 맞는 물품을 기획해야 한다.

3. 기존의 방식 전체를 바꾸는 것이 아니라, 부분적인 방법을 바꾸는 것이다.
   - → 물품시상을 없애는 것은 아니고, 물품의 항목을 바꾸는 것에 주목했다.
   - → 계절상 필요한 물품 등으로 구성했다.

4. 프로젝트나 경험에 대한 목적을 바꿀 수는 없다.
   - → 목적은 고객만족도를 높이는 것이다.
   - → 보험가입도를 높이는 방법을 바꾸는 것이 아닌 물품을 바꿔 고객만족도를 높이는 것에 목적이 있다.

위의 사례를 묶어 본다면 전체적인 스토리를 만들 수 있을 것이다. 혹여 이런 사례를 보았다고 해서 착각하면 안 되는 것이 있다. '나는 인턴 생활도 안 해봤고, 어떤 일도 해 본 적 없는데.'라고 생각하는 것이다. 위의 사례는 단지 정확하게 보여주기 위해 가상으로 쓴 내용일 뿐이다. 학교 내의 실험, 프로젝트 등 어떤 사례를 선택하든 상관없다. 여기에서 중요한 것은 기존에 행하고 있던 방식들이 있다는 부분이다. 특히 경험을 요구하는 항목은 디테일하게 분석해야 한다. 이렇게 분석하면 특이점과 주목해야 할 점이 반드시 나타난다. 그렇다면 다른 항목을 분석하면서 어떤 부분을 주목해야 하는지 살펴보도록 하자.

본인에게 닥친 어려움(난관)은 무엇이며, 어떤 내용인지 구체적인 장소, 인물, 시간 등을 기술해 주시기 바랍니다.

위 자소서 항목에서 주목하고 사고를 확장해야 하는 부분은 '본인에게 닥친 어려움'이라는 부분이다. 특히 이런 자소서 항목은 자소서를 쓰는 사람들이 '어려운 사례가 뭐지?'라는 생각을 먼저 하게 만든다. 그런데 이렇게 생각하면 어려운 사례를 절대 찾지 못한다. 이때는 '어려움'을 정의하는 것으로 사고를 시작해도 된다. '어려움'은 시간, 물적 자원, 인적 자원에 난관을 겪거나 문제에 봉착한 것을 뜻한다. 그렇다면 여기에서 자소서 소재는 본인이 시간, 물적 자원, 인적 자원에 난관을 겪은 사례를 기재해야 한다. 그다음 장소, 인물, 시간을 구체적으로 기재해야 한다. 그리고 더 나아가 여기에 숨어있는 뜻을 찾아야 한다. 본인에게 어려움이 닥쳤다면 당연하게 그것을 극복하거나 또는 극복하지 못했다면 배운 점이라도 있어야 한다. 이를 분석하면 다음과 같다.

1. 시간, 물적 자원, 인적 자원에서 부족함 또는 어려움을 겪었다.
2. 언제 일어난 일인지를 밝혀야 한다.
3. 이 사건에 관련된 인물이나 장소 등이 기재되어야 한다.
4. 원인을 파악하고 난관을 해결해야 한다.
5. 문제가 해결되었다면 어떻게 해결했는지를 이야기해야 한다.

위의 항목 조건 분석 내용을 살펴보면 이 자소서 항목에는 자신의 가치관 또는 생각을 적는 자소서보다 더 디테일하게 적어야 한다는 것을 알 수 있다. 인물, 장소, 시간 등이 기재되어야 하기 때문이다. 여기에서 주의해야 할 점은 글을 쓸 때 소위 뭉개기(?) 방법을 쓰면 안 된다는 것이다. 글을 뭉개지 말라는 것은 누구나 쓸 수 있는 단어로 모든 행동이나 방법을 두루뭉술하게 쓰지 말라는 것이다. 예를 들자면, 위의 항목에서 상대와 소통이 되지 않아 문제가 생겼는데 소통을 통해 해결을 했다는 말을 쓰면 안 된다. 소통을 했다면 어떤 방법으로 소통을 했는지, 그리고 문제가 해결됐다면 어떤 방법을 취해 해결했는지에 관해 써야 한다.

경험과 관련된 자소서 항목을 쓸 때, 중요한 것은 자신의 '가치관'을 정리하는 것이다. '가치관'을 직접 이야기해야 하는 항목을 정리해보는 것도 좋은 방법이다. 이제 '가치관'과 관련된 자소서 항목 조건을 분석해 보자.

입사 후 직장생활에 대한 본인의 가치관이 무엇인지 설명해 주시고, 이를 가장 잘 나타내고 있는 인문분야 작품(도서, 영화, 미술, 음악 등)을 선정 후 그 이유를 기술해 주시기 바랍니다.

위의 항목에서 중요하게 작용하는 것은 '가치관'이다. 가치관이라고 하면 거창하다고 생각하지만 그렇지 않다. 가치관은 인간이 삶이나 어떤 대상에 대해서 무엇이 좋고, 옳고, 바람직한 것인지를 판단하는 관점이다. 즉, 자신이 어떤 기준으로 이 사회를 바라보고, 대상을 판단하는지에 대해 말하는 것이다. 가치관을 어떻게 만드는지는 뒤의 챕터에서 정확하게 알아보고 지금은 자소서 항목 조건 분석에만 집중하도록 하겠다. 위의 항목의 조건을 분석하면 다음과 같다.

1. 나의 가치관에 대해 말한다.
2. 가치관과 맞는 도서, 영화, 미술, 음악을 찾아 써야 한다.
3. 그리고 어떤 부분이 나의 가치관과 맞는지 적어야 한다.

위의 항목 조건 분석은 생각보다 간단하다. 그러나 위의 항목을 통해 스토리를 만들기에는 아마 내공이 부족할 것이다. 그러므로 먼저 가치관을 문장으로 만들 수 있어야 한다. 문장으로 만들 수만 있다면 검색을 통해 충분히 자기의 가치관과 맞는 도서, 영화, 미술, 음악 등을 찾을 수 있다. 이를 위해 본인의 인문학적 소양을 찾아야 한다. '독서를 많이 해야 하나?'라고 생각할 수도 있지만, 독서를 많이 한다고 해서 반드시 자신의 가치관을 말할 수 있다고 생각하지는 않는다.

누구에게나 사회를 바라보고 판단하는 자신만의 관점이 있다. 단지 말로 설명하지 못할 뿐이다. 그러므로 먼저 자신의 가치관을 문장으로 만들어 보는 것이 중요하다. 그리고 그다음에 반드시 자신의 가치관을 투영시켜 책을 읽거나 영화를 보거나 음악을 듣는다면 충분히 자신에게 영향을 줄 수 있는 대상을 찾을 수 있다. 단, '책'이라고 해서 너무 어려운 철학책이나, 사회학책을 선정하지는 말자. 책은 읽기 위해서 존재하는 것이지, 무엇인가를 찾기 위해서 읽는 것이 아니기 때문이다. 위의 분석을 바탕으로 쓴 자소서를 살펴보면서 계속 이야기해 보자.

입사 후 직장생활에 대한 본인의 가치관이 무엇인지 설명해 주시고, 이를 가장 잘 나타내고 있는 인문분야 작품(도서, 영화, 미술, 음악 등)을 선정 후 그 이유를 기술해 주시기 바랍니다.

산업은행은 서민의 삶의 질을 높이고 경제활동을 원활하게 할 수 있도록 하는 회사입니다. 그러므로 산업은행에서 가장 필요한 것은 변화하는 금융 산업에 대한 적응과 스스로 변화할 수 있는 의지가 필요하다고 생각합니다. 이는 저의 가치관인 '변화하는 삶과 배우려고 하는 의지를 가져야 나의 내일이 변화한다.'라는 가치와도 일맥상통합니다. 이런 가치관을 배운 문학작품이 있습니다. 그것은 바로 톨스토이의 『이반 일리치의 죽음』이라는 책과 알베르 까뮈의 『이방인』이라는 책입니다. 『이반 일리치의 죽음』에서 주인공인 이반 일리치는 자신에게 어떤 이벤트도 일어나지 않았으면 하는 인물입니다. 그의 일상은 늘 같아야 하며, 다른 일이라도 생기면 굉장히 불쾌한 기분을 겪습니다. 이런 인물이 죽음을 맞이하게 되면서 자신의 삶을 후회하게 되고 끊임없이 살아있는 삶을 원하게 됩니다. 그때 나타나는 삶이 바로 'real-life'입니다. 주인공은 스스로 변화하는 삶을 택하는 것이 진정한 삶이라는 것을 그제서야 깨닫게 됩니다. 『이방인』에서도 주인공인 뫼르소는 전형적인 현대사회의 젊은이들의 무기력함을 가지고 있습니다. 어머니가 죽음의 목전에서도 결혼을 하려고 하는 이유를 전혀 알지 못했고, 자신이 하는 태양 살인도 일종에 현대인이 가지고 있는 히스테리였습니다. 뫼르소도 역시 죽음의 목전에서야 어머니를 이해하게 되고, 자신이 어떤 것을 하고 싶은지에 대해 알게 됩니다. 저는 이런 문학작품을 읽으면서 끊임없이 변화하는 삶의 자세를 배우게 되었습니다. "오늘 아무것도 변화하지 않고, 내일 기적이 일어날 것을 바라는 것은 가장 멍청한 짓이다."라는 말처럼, 내일에 나를 기대하기에 지금 현재 변화하는 사회를 직시하고 읽어내며 저 또한 변화를 추구하면서 살아갈 것입니다.

위의 자소서는 '변화하는 삶'이 중요하다는 가치관을 따르고 있는 사람의 자소서이다. 중요한 것은 이 가치관은 누구나 다 가질 수 있다는 것이다. 원래 가치관이라고 하는 것이 누구나 비슷하다. 중요한 것은 어떤 책이나 어떤 영화를 선택하는가에 있다. 다시 말해, 책이나 영화 선정이 중요하다는 것이다. 이 자소서에서는 어려운 책이 아니라 '소설'을 선택했다. 소설의 뒤편에는 평론가가 써 놓은 평론이 있는 경우가 많다. 이 평론을 보고 자신이 생각한 것과 일맥상통하는 것을 참고하여 쓰면 된다. 처음에는 이 과정이 대단히 어렵다고 느껴지겠지만 끈기 있게 책을 보게 된다면 이 작업은 좀 더 쉬운 일이 될 것이다.

시간을 아껴주는

자소서 분석 연습 노트

자신의 장단점 100가지 작성하기

장점	단점	단점을 장점화하기
세심하다.	생각이 많다.	일에 대한 고민을 많이 한다.
암기능력이 좋다.	욕심이 많다.	일에 대한 욕심이 많다.

노트 작성 Tip

1. 장단점이 반드시 50:50일 필요는 없다.
2. 장단점에서 절대 적지 말아야 할 것
   ① 신체적인 것
   ② 노력해서 될 수 있는 것(예: 책을 많이 읽지 않는다.)
   ③ 주위 사람에게 물어본 것

📝 나만의 포트폴리오 정리하기

경험	사건	의미	획득한 역량

노트 작성 Tip

1. 경험과 사건은 순서대로 생각나는 만큼만 적으면 된다.
   ① 경험: 조직을 소개하는 것
   ② 사건: 그 조직에서 있었던 사건
2. 경험은 하나이지만 사건은 여러 개일 수 있다.
3. 의미는 현재의 시점에서 긍정적으로 써야 한다.
4. 획득한 역량은 본인이 가고 싶은 기업의 NCS 기반 직무기술서를 보면서 써야 한다.

국민건강보험공단 자소서 항목 분석하기

사회생활 또는 학교생활 중 본인이 응대한 고객 중에 가장 어려웠던 경험을 이야기해 주십시오. 당시 상황을 간략하게 기술하고, 고객이 원하는 것을 파악하고 해결하기 위해 시행한 노력에 대해서 구체적으로 서술해 주시기 바랍니다.

항목 분석

1. _____
   → _____
   → _____
2. _____
   → _____
   → _____
3. _____
   → _____
   → _____
4. _____
   → _____
   → _____

 종혁쌤's 가이드

- '고객'의 개념을 넓혀서 생각하자.
- 본인에게 원하는 것이 있는 사람이 '고객'이다.
- 니즈를 파악하는 방법으로 키워드를 검색해보자.

여러 과업을 동시에 진행했던 경험에 대해 기술해 주십시오. 어떤 과업들이 있었는지 간략하게 기술하고, 당시 상황에서 본인이 취한 대처방안은 무엇이었는지를 중심으로 구체적으로 서술해 주시기 바랍니다.

항목 분석

1. _____
   → _____
   → _____

2. _____
   → _____
   → _____

3. _____
   → _____
   → _____

4. _____
   → _____
   → _____

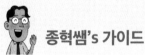 **종혁쌤's 가이드**

- 과업을 동시에 진행한 것은 일의 업무 순서를 파악하라는 것이다.
- 자원관리에서 중요도 순, 긴급한 순서를 파악하자.

소속된 팀에서 사기가 저하된 팀원들을 독려하여 조직의 목표를 달성했던 경험을 기술해 주십시오. 당시 상황을 간략하게 기술하고, 팀원의 사기를 향상하기 위해 취했던 방법과 본인의 노력에 대한 팀원의 반응을 중심으로 구체적으로 서술해 주시기 바랍니다.

항목 분석

1. _____
   → _____
   → _____

2. _____
   → _____
   → _____

3. _____
   → _____
   → _____

4. _____
   → _____
   → _____

 종혁쌤's 가이드

- 사기가 저하된 팀원을 독려하는 방법에 대해 찾아보자.
- 사기가 저하된 이유라는 키워드로 검색하여 정리해보자.

주변(동료, 선배 등)의 권유에 흔들리지 않고 본인의 가치관을 지켰던 경험을 기술해 주십시오. 당시 상황을 간략히 기술하고, 주변의 권유를 이겨내기 위해 실행하였던 노력과 그 결과를 중심으로 구체적으로 서술해 주시기 바랍니다.

항목 분석

1. _____
    → _____
    → _____

2. _____
    → _____
    → _____

3. _____
    → _____
    → _____

4. _____
    → _____
    → _____

종혁쌤's 가이드

• 본인의 가치관을 문장화하자. 이때, 멋진 말로 포장할 필요가 없다.

노트 작성 Tip

1. 국민건강보험공단 자소서 항목은 경험과 관련된 항목으로만 구성되므로 경험을 통해 배운 것과 느낀 것을 디테일하게 써야 한다.
2. 먼저 키워드를 정리하고, 항목을 쪼개면서 조건을 파악해야 한다.
3. 정답은 없으니 본인이 어떤 조건이 있는지를 파악하자.

PART

공기업 정밀 분석법

---

① 공기업 알아보기

② 단계별 공기업 분석하기

③ 기업 분석 자료와 자소서 항목 연결하기

④ 기업 분석 자료와 포트폴리오 연결하기

📝 시간을 아껴주는 **공기업 분석 연습 노트**

1 공기업 알아보기

1. 공기업이란?

자소서를 쓸 때는 공기업에 대한 분석이 필수라고 볼 수 있다. 자소서를 쓰다 보면 자소서가 비어 있는 느낌이 들 때가 있는데 이 부분을 채울 수 있는 것이 바로 공기업에 대한 내용이다. 필자가 공기업론에 대해 이야기하면 공기업을 준비하는 사람들은 자소서에 쓸 수도 없고, 응용도 불가능할 텐데 왜 이것에 대해 알아야 하는지 의문을 가진다. 하지만 공기업의 특성으로 인해 이 부분을 정확하게 알아야 한다. 예를 들어 자소서, 면접에서 많이 들어본 '공익(公益)'이라는 단어가 정확하게 어떤 의미인지 파악하지 못하는 사람이 많다. 이처럼 기업의 내용과 산업에 대해 정확하게 알지 못한 채 자소서를 쓰게 되면 본인이 무슨 말을 하는지 모르는 상태로 글을 쓰게 된다. 글을 쓸 때 자신이 무슨 이야기를 하는지 분명히 알고 쓰는 것이 중요하다. 그러므로 이 부분을 간과하지 않았으면 한다.

기업은 소유 주체에 따라 크게 사기업과 공기업으로 나눌 수 있다. 공기업을 정확하게 이해하기 위해서는 기업의 생성 과정과 그 의의를 먼저 알아야 한다. 1760년경부터 영국에서 시작된 산업혁명의 성공으로 자본주의 경제 체제가 처음으로 등장하면서 근대적 기업이 생겨나기 시작하였으므로 초기의 기업은 모두 사기업이었다.

1776년 애덤 스미스의 『국부론』에 따르면 모든 경제 활동은 개인에게 맡기고 국가는 경제에 관여하지 않는 것이 자본주의 경제 발전의 지름길이라고 하며 자유방임주의에 대해 논했다. 그의 책을 좀 더 자세히 살펴보면 국가가 부유해지기 위해서는 세 가지 기능만을 가져야 한다고 이야기하고 있다. 첫째, 국가는 국민의 안녕을 위해 국민을 방위하는 일에 힘을 기울여야 한다. 둘째, 국가는 국민의 생명과 재산을 보호하며 시민권을 보장해야 한다. 이때 경제는 원활하게 움직이며, 국민은 경제활동을 자유롭게 할 수 있는 경제 주체가 된다고 이야기하고 있다. 셋째, 국가는 경제 발전에 필요한 경우에만 공공사업을 건설하고 유지할 수 있는 재정이 있어야 한다. 이 부분이 공기업론에서 가장 중요하다. 공공사업이란, 도로·항만·운하 등의 토목건설 사업을 말한다. 요즘에는 전기, 철도, 항공 등도 여기에 포함된다. 공공사업이라고 하는 것은 개인(민간)이 투자하면 이윤을 얻을 수 없어서 외면받기 때문에 국가가 나서야 한다. 따라서 애덤 스미스의 고전 자본주의 이론에 의하면 이윤을 낼 수 있는 사업 분야는 모두 사기업의 영역에 속하고, 이윤을 내기 어려우면서 경제 발전에 필수적인 사업 분야만 공기업의 영역으로 한정하고 있다.

산업혁명은 영국에서 증기기관, 제철기술과 방직기계를 발명함으로써 성공할 수 있었다. 즉, 기업은 산업혁명의 산물이고 사기업은 자본주의 경제의 토대가 되는 셈이다. 기업이 처음 생성되기 시작한 이래로 경제

발전 단계에 따라 기업의 개념도 변화되고 발전되었다. 기업의 고전적 개념은 '이윤추구를 목적으로 하는 생산 경제의 단위체'였으나, 현대적 개념은 '자본과 노동 등 생산요소를 투입하여 이를 고부가가치의 중간 재와 최종 상품으로 바꾸는 전환 단위체'라고 할 수 있다. 이때의 기업은 사기업임을 전제로 한다.

그러므로 '개인이 투자하면 이윤을 얻을 수 없어서 외면하는 경우 정부가 간섭하여 사업을 하는 것'이 고전 적인 형태의 공기업의 개념이다. 그렇다면 도로·항만·항공·철도·전기 등은 왜 개인이 투자하면 이윤을 얻 을 수 없는 것일까? 이 사업들은 자연적 독점사업이기 때문이다. 자연적 독점사업이란 한 기업에 사업의 독 점권을 줄 때 오히려 생산원가가 저렴해지는 자연적 독점성을 갖는 사업을 말한다. 대부분의 산업에서는 상 품의 가격이 저렴해지고 서비스의 질이 좋아지려면 경쟁이 필요하다고 여겨진다. 그런데 자연적 독점사업 인 공익사업은 경쟁을 시키면 생산원가가 오히려 비싸지는 성질을 가지고 있다. 그리하여 자연적 독점사업 은 사회 전체가 시장 안에서 하나의 공급자만을 요청하는 사업이라고 정의되기도 한다. 자연적 독점성을 갖 는 사업은 수도 파이프, 철도, 송전, 배전선 등과 같이 네트워크를 통하여 상품을 생산하고 이를 소비자에게 공급하는 특성을 가진다. 따라서 하나의 시장에서 여러 개의 네트워크가 설치되어 중복시설이 되므로 원가 가 비싸지는 것이다. 그래서 모든 국가가 공익사업은 대부분 공기업으로 경영하고, 사기업이 공익사업을 경 영할 때는 정부가 그 가격을 엄격하게 통제한다.

20세기 초까지만 하더라도 국가는 시장에 경제를 맡기고 국민에게 치안·교육·국방 등의 행정서비스인 순 공공재만을 제공하여도 되었다. 그러나 경제가 발전하고 야경국가에서 복지국가로 전환됨에 따라 국민은 국가에 대하여 전기·수도·가스·서민 주택과 같은 생활필수품과 항만·공항·고속도로·위성통신과 같은 사 회간접자본을 제공하여 줄 것을 점차 요구하게 되어 행정서비스 외에 기업적인 서비스(준공공재)도 제공 하게 되었다.

그리고 1930년대의 대공황도 국가의 경제 활동을 증가시키는 계기가 되었다. 당시 선진국들은 거대한 공 공토목사업을 착수하여 실업자를 흡수하였고 그들의 소득은 즉각 구매력으로 연결되어 공황을 극복하는 데 크게 기여하였다. 대공황은 디플레이션의 상황이었기 때문에 수요를 증가시키는 데 필요한 것이 바로 공기업이었다.

미국의 뉴딜정책을 면밀히 관찰하였던 영국의 경제학자 존 메이너드 케인스는 애덤 스미스의 고전이론을 수정하여 1936년에 『고용·이자·화폐의 이론』을 간행하였다. 그는 이 책에서 국가는 불황기에 재정자금을 투입하여 경제에 개입함으로써 수요를 창출하여야 한다고 언급하며 공기업 설립의 이론적 근거를 제시하 였다. 경제의 성장과 안정을 위해 국가가 필요하다는 부분을 강조하는 것이다. 경제활동을 개인에게만 맡 겼던 자유방임주의시대가 종언을 고하고, 자본주의 경제 체제에 사회주의적인 요소가 가미된 혼합경제체 제가 대두하게 된 것이다.

현재 한국의 저성장 기조에 있어 공기업을 주목하고 있는 것도 여기에 있다. 경제가 호황이거나 인플레이션의 상태면 공기업보다 민간기업에 주목해야 한다. 호황은 민간기업의 투자를 통해 새로운 생산물을 만들고 경제를 이끌어 갈 수 있다. 하지만 불황 혹은 디플레이션이 생기면 민간의 수요를 창출해야 하므로 공기업의 역할이 중요해지는 것이다. 이렇듯, 시장실패의 여파로 인해 공적자금이 투입되면서 공기업은 공공재의 역할뿐만 아니라, 시장실패의 방파제 역할도 한다.

공기업은 지난 1세기 동안 시대에 따라 그리고 국가에 따라 다양하게 변천하고 발전하여 왔다. 정부가 전액 출자한 기업은 개념상으로 공기업이 분명하나 공·사 혼합 기업인 경우 정부 지분율이 몇 % 이상이면 공기업으로 보고 몇 % 이하이면 사기업으로 볼 것인가의 문제가 생긴다. 그리고 재화와 용역을 생산하고 판매하는 정부 기관이 늘어나고 재화의 가짓수도 계속 늘어나는 환경 속에서, 어떤 정부 기관을 기업적인 생산 주체로 볼 것인가의 문제도 발생한다.

이러한 문제에 의거하여 정의하면 공기업이란 공공단체가 소유하며 그 생산물이 판매되는 생산적인 주체이다. 이를 풀어서 이야기하면 공공단체란 중앙정부와 지방정부를 말하고 소유란 공공단체의 지분율이 직접적이거나 간접적으로 3분의 1 이상인 경우를 말한다. 생산적인 주체란 재화나 용역을 생산하며, 독자적인 예산과 의사결정기구를 갖는 주체를 말한다. 생산물을 판매한다는 것은 매출액으로 경상비의 절반 이상을 충당할 수 있는 경우를 말한다.

지금까지 위와 같은 공기업의 정의에 따르면 한국철도공사(코레일)와 한국전력공사 등은 전형적인 공기업이다. 철도서비스나 전기서비스를 생산하여 판매하고 독자적인 예산과 의사결정기구를 갖추고 있다. 반면 항만청, 잠실운동장, 국공립학교, 보건소 등은 많은 수입을 올리고 있고 준공공재를 제공하고 있으나 독립된 예산과 의사결정기구를 가지고 있지 않아 공기업으로 볼 수 없는 것이다.

2. 공기업의 역할

국가 조직은 다른 조직에 비해 강대한 제재력을 가지고 있는 조직으로 사회 질서를 유지하려는 목적을 가지고 있다. 또한 국가는 공공복지를 실현시키는 사회 전체의 봉사자의 기능도 가지고 있다. 공기업 역시 사회 전체의 봉사자의 기능을 가지고 있어 국민의 복지를 증진시키는 기능을 한다고 볼 수 있다. 예를 들어 한국전력공사는 전기 생산 능력을 발전시켜 국민이 질 좋은 전기를 소비하며 삶의 질을 증진시키는 것을 목적으로 하고 있다.

초기의 국가 형태는 국가가 치안과 국방만을 책임지는 야경국가의 형태를 취했다. 하지만 국가가 발전하고 영토와 국민이 늘어날수록 국가에 대한 인식도 달라지기 시작했다. 국가가 발전할수록 사회보장에 대한 국민의 요구가 높아졌으며, 사회보장에 대한 요구가 높아지면서 국가는 비대해졌다. 비대한 국가는 부정과 부패가 도래할 수밖에 없다. 행정시스템이 복잡해지기 때문이다. 행정시스템이 복잡해지면 통제가 힘들어져 부정과 부패가 도래하기 쉬운 환경에 놓이게 된다. 그러므로 작은 정부를 지향하면서 공기업을 통해 공공 복리의 투명성을 실시하게 된 것이다.

국가관은 크게 서양의 국가관과 동양의 국가관으로 나눌 수 있다. 서양의 국가관은 다시 일원론과 이원론으로 분류되는데, 일원론적 국가관은 한 가지 관점으로 국가를 바라보는 것이며 이원론적 국가관은 사회적 형태와 법적 제도의 형태가 공존하는 것이다. 서양은 일원론적 관점부터 발전하여 국가관의 여러 가지 논란을 낳았다. 일원론적 국가관은 국가를 사회학적, 경제학적, 법학적 국가로 나누는 것을 말한다. 사회학적 국가론은 국가를 현실적으로 존재하는 실체로 보지 않고, 국가의 기능에 따라 작용하는 관계로 보는 것이다. 경제학적 국가관은 마르크스주의 국가론에서부터 출발한다. 마르크스는 '인류발전 5단계설'에서 생산체제와 관계에 따라 국가의 기능과 체제가 변화한다고 보았다. 원시공산제를 거쳐 고대노예사회, 봉건영주사회를 형성하였고, 중간 계층이 봉건제도로부터 자신의 해방을 수단으로 하여 만든 국가 형태인 보나파르트 주의를 형성하면서 자본주의 국가가 만들어졌다. 그러나 자본주의 국가는 노동자의 소외로 인해 일정한 생산관계의 유지가 힘들어지면서 궁극적으로는 공산국가가 형성된다는 것이 마르크스의 견해이다. 이렇듯 경제학적 국가관은 일정한 생산관계의 유지를 목적으로 국가가 형성된다고 보는 견해이다.

국가는 일정한 생산관계의 유지를 목적으로 해야 한다. 현재 한국은 수출 주도형 국가로 수출을 통해 생산관계를 유지한다. 만약 수출이 저조하다면 한국은 생산관계를 유지하지 못할 수도 있다. 현재 다국적 기업의 담합, 저성장기조를 통해 한국 경제가 주도되는 상황에서 중소기업의 생산관계를 유지하지 못한다면 국가의 기능을 잃어버릴 수도 있는 것이다. 이러한 상황을 방지하기 위해 **공기업은 중소기업과의 상생경영을 통해 중소기업을 유지하고 생산력을 높여야 하는 의무가 있다.** 그러나 현실에서 공기업은 중소기업과의 상생경영이 제대로 이루어지지 못하고 있다. 중소기업이 공기업과의 접근성이 떨어지기 때문이다. 중소기업 평가는 능력 위주보다는 실적 위주로 시행되어 자본이 많은 중소기업과의 상생경영만 시행될 뿐 정말 실력 있는 중소기업과의 상생경영은 시행되지 않고 있다는 문제가 있다. 그러므로 이러한 문제를 해결하기 위해서는 **중소기업과의 상생경영 기준을 투명하게 공개하고 상생경영을 시행하는 것이 중요하다.**

법학적 국가론은 법적으로 통일된 질서가 국가의 특질이며 권리가 어떻게 형성되느냐에 의해 관점이 달라진다. 국가를 군주의 권리객체로 본다면 가산국가의 형태가 나타나는데, 이것은 독재적인 봉건사회에서 나타나는 형태의 국가이다. 국가를 국내법의 주체로서의 법인으로 보는 학설도 있다. 이것을 '국가법인설'이라고 한다. 국가법인설은 국가에 주권이 있다고 보는데, 이는 현대국가에서는 볼 수 없는 형태이다. 국가에 대한 충성과 국격을 너무 강조하다 보면 국가에 주권이 있는 형태가 되기 쉽다. 그러므로 국민은 스스로 국민에게 주권이 있다는 것을 인식하고 행동할 필요가 있다. 이를 위해 공기업은 투명경영을 실시하는 것이다. 모든 국민에게는 알 권리가 존재한다. 국민에게 주권이 있고, 공기업은 국민의 세금으로 운영되므로 투명경영을 실시하여 간접적인 주인인 국민에게 신뢰를 받을 수 있어야 한다. 그리고 국민의 알 권리를 실현함으로써 올바른 민주주의로 갈 수 있는 장을 마련할 수도 있는 것이다.

다음으로 동양의 국가관을 살펴보자. 동양의 국가관은 크게 노장사상에 입각한 국가, 법가의 국가, 유교의 국가로 나눌 수 있다. 노장사상은 소국과민 사상을 중요하게 여긴다. 소국과민이란 국가가 간섭하는 일이 적고 규모가 작아질수록 올바른 국가의 형태를 갖춘다는 것이다. 또한 작은 국가일수록 백성들은 무지하고 무욕해야 한다고 주장한다. 지식과 욕망은 사람을 불행하게 하는 근원이므로 욕심이 날 만한 것들을 보이지 않게 하고 고르게 분배하면 욕망이 생겨나지 않으므로 백성은 행복해질 수 있다고 주장하고 있다. 법가의 국가란 법가와 한비자가 주장한 사상으로, 법을 통한 통제와 같은 인위적인 강제와 부국강병을 주장하고 있다. 국가가 법으로 통일되어 있고, 강한 국가가 되면 백성들은 안정을 찾는다는 주장이다.

유교의 국가는 공자, 맹자, 순자 등이 주장한 국가관으로 중용의 도를 구현하는 것을 최고의 덕목으로 삼고 있다. 중용의 도라는 것은 정치를 함에 있어 치자(治者)들은 중용의 정치를 해야 한다는 것이다. 중용의 도를 펼쳐야 백성이 안정될 수 있고, 신뢰받는 정치를 할 수 있게 되는 것이다. 결국 국가는 국민을 안정시켜야 하는 의무를 가지는 것이다. 공기업도 국민에게 안정을 주는 것이 중요하다. 국민의 공공복리를 증진시켜야 하는 의무가 있는 공기업은 국가와 국민 사이에서 어떤 것에도 치우치면 안 된다. 공기업의 운영은 국가주도형 사업이지만 국민을 위한 사업이기 때문이다. 너무 정부 정책에만 치우치는 사업을 하다 보면 공기업은 자율성을 잃고 정부의 정책만을 따라가는 좀비형 공기업으로 변하는 문제가 발생하기도 한다. 그러므로 공기업은 중용의 도를 잃지 말고 정부와 국민의 사이에서 올바른 경영을 해야 한다.

공자는 덕치주의와 예치주의를 강조하며 모든 일에 명분을 올바르게 할 것을 강조하고 있다. 맹자는 백성이 가장 귀하다는 것을 강조하며, 정치를 하는 사람은 민심을 보호하고 얻는 일에 힘써야 한다는 것을 강조하고 있다. 모든 국가가 그렇듯이, 국민이 있어야 국가가 존재한다는 것이다. 공기업 역시 국민을 위해 존재하는 기업이며, 국민의 세금으로 운영되므로, 국민의 이익을 우선해야 할 것이다. 맹자는 위의 말과 더불어, '백성이 편안해지려면 백성의 배가 불러야 한다.'고 이야기한다. 국민의 경제가 우선되어야 한다는 말이다. 공기업은 물가안정, 국민생활의 증진, 질 좋은 서비스 제공 등의 의무를 지니고 있다. 전 세계의 경영 환경이 변화하면서 공기업 역시 변화해야 한다. 국가는 공기업의 서비스를 통해 국민의 삶을 안정시켜야 한다. 그러므로 공기업 역시 변화의 폭을 넓히고, 국민 경제에 안정을 주기 위한 노력이 필요하다.

위와 같은 모든 이야기를 종합해보면 공기업은 국가의 소유이지만 국민의 세금으로 운영된다. 그러므로 공기업은 정부와 국민 사이에서 민주주의를 수호하는 알 권리를 보장하기 위한 투명경영과 표현의 자유와 사상의 자유를 통해 여론 수렴의 기능도 가져야 한다.

3. 공기업 등장의 사상적 배경

공기업은 공공의 이익을 추구한다. 공기업은 공공재를 토대로 공공의 이익을 실현시키는 기능을 한다. 공공재는 사회간접자본과 국가 공공재로 나눌 수 있다. 사회간접자본은 어떤 사회단체나 이익집단, 이해관계자들에게 자본을 유입시켜주면서 경제활동의 주체를 넓히는 것을 말한다. 공무원 연금·사학연금·도로·항만·철도 등이 여기에 해당한다. 국가 공공재란 국방·교육·치안 등으로, 국민 모두에게 돌아가야 하는 재화를 뜻한다. 즉, 국가 공공재는 선택사항이 아니며 자연스럽게 국민이 사용할 수 있는 재화를 말한다. 공기업은 대부분의 공공재를 다루고 있다. 이는 공기업이 국가 행정의 중요한 역할을 맡고 있다는 말과도 같다. 그러므로 공기업은 수익보다는 공익을 위해 존재하는 것이며, 모든 국민이 공공재를 누릴 수 있도록 해야 한다. 공기업은 공익을 통해 사회적 정의를 실현하고 재화를 재분배하는 역할을 한다.

이러한 사상적 배경이 된 것은 벤담의 공리주의에서부터 출발한다. 벤담은 사회적 정의는 공리성에서 도출될 수 있다고 보고 "모든 사람은 하나로 계산되어야 하며, 아무도 하나 이상으로 계산되어서는 안 된다."라고 하며 공리성과 정의의 조화를 제시하였다. 이러한 사상에 입각하여 공기업은 공리주의적 사상을 바탕으로 한다.

현대 자본주의 사회가 극대화됨에 따라 사회는 공기업의 '인애의 원칙'에 주목하게 된다. 공기업은 모든 국민이 인간답게 살 수 있도록 하는 것을 목표로 한다. 이는 행위적 공리와 규칙적 공리로 나눌 수 있다. 행위적 공리는 공익을 위한 유용성의 유무로 판단한다. 유용성의 원리는 인간 행위의 옳음과 그름에 대한 궁극적인 척도라고 한다. 이 척도를 적용할 때 개별적 행위에 직접 적용할 것인가 아니면 행위의 규칙에만 제한적으로 적용해서 행위 규칙으로 하여금 개별적 행위가 옳은가 그른가를 결정하도록 할 것인가 하는 문제가 생긴다. 행위적 공리에 있어서 개별적 행위가 옳은지 그른지를 알기 위해서는 그 행위의 결과를 알아야 한다. 유용성의 원리는 선택의 상황에서 각각 대안의 행위에 직접적으로 적용되며 옳은 행위는 다른 어떤 행위보다 유용성을 갖는 것으로 정의될 수 있다. 그러므로 공기업의 행위는 다른 어떤 행위보다 국민을 위해 유용해야 한다. 예를 들어 공기업을 민영화해야 하는지, 수익을 더 중요하게 생각해야 하는지에 대한 논의는 국민의 유용성을 따져가면서 판단을 해야 하는 것이다.

반면 규칙적 공리는 하나의 행위가 타당한 행위 규칙에 일치하면 옳고 위반하면 그르다는 원칙을 가지고 있다. 이때 행위에 대한 규칙의 타당성을 결정하는 척도는 유용성이다. 따라서 구속력을 갖는 참된 규범적 윤리 체계는 이 규칙들에 의해 자신들의 행위를 규제하면 다른 규칙을 따를 경우보다도 더 큰 본래적 가치와 더 적은 본래적 비(非)가치가 초래될 규칙의 집합이다. 규칙에 의해 행위를 규제한다는 것은 긍정적 규칙 또는 부정적 규칙으로 설명할 수 있다. 긍정적 규칙은 모든 사람에게 요구되는 행동유형의 속성들을 자세히 밝혀야 한다. 옳은 행위는 규칙이 요구하는 바를 행하는 것이고, 그른 행위는 규칙이 요구하는 바를 행하지 않는 것을 말한다.

부정적 규칙이란 모든 사람에게 어떤 종류의 행위를 금하는 것이다. 긍정적 규칙에 따라 행하는 것이 그 규칙이 요구하는 바를 행하는 것을 의미하는 것과 마찬가지로 부정적 규칙에 따라 행위 한다는 것은 그 규칙이 금하는 바를 행하지 않는다는 것을 말한다. 즉, 옳고 그름은 규제하는 행위 규칙에 따르는 행동 또는 그것에 위반하는 행동으로 정의된다. 이때 우리의 행위를 규제할 수 있는 모든 가능한 규칙 중에서 진정으로 우리를 규제하는 규칙이 어떤 것인지 어떻게 알 수 있는가의 문제에 대해 규칙공리주의자는 "규칙이란 일반적으로 그것을 따를 때가 다른 어떤 규칙을 따를 경우보다 모든 사람에게 더 많은 행복, 쾌락과 더 적은 불행 내지 고통을 일으키게 하는 규칙"이라고 한다. 따라서 공기업의 정의란 행위적 공리를 중심으로 공공재가 재분배되어야 하며, 국민의 유용성이 항상 중심에 있어야 하는 것이다. 또한 공기업인은 규칙적 공리를 따라야 한다. 공기업에 필요한 규칙에 의해 공공의 서비스가 지속되어야 부정과 부패를 척결할 수 있기 때문이다.

정리하면 공기업의 재분배는 모든 국민이 필요한 부분을 다 가져야 한다. 우리가 흔히 공리주의를 착각하는 경우가 있는데 다수와 소수 중에서 '최대 다수의 최대 이익'이라는 말이 다수가 이익을 보는 것이라고 알고 있는 것이다. 그러나 이러한 부분은 공동의 이익이 아닌 편익만이 존재하는 재화를 가리키는 것이다. 모두에게 돌아갈 수 있는 공공재라면 당연히 모두에게 돌아가도록 하는 것을 원칙으로 한다. 예를 들어, 전기는 국민 모두가 쓰고 있는 것이고, 한 명이라도 전기를 쓰는 것에 대해 불평등을 느끼게 되면 공공재의 재분배는 실패라고 할 수 있다. 그래서 공기업이 다루고 있는 모든 재화는 공리주의를 바탕으로 모두에게 공평하게 분배되어야 한다.

그런데 여기에서도 문제가 있다. 모든 재화를 공평하게 분배한다고 하더라도 부의 상속, 재능과 같이 우연히 가지고 있는 능력 때문에 불평등이 일어날 수도 있다. 즉, 우리가 선택하지 못하는 것들을 국가가 보장해주어야 하는데, 이를 보장해야 한다는 사상도 공기업이 필요한 사상이다. 가령 한국 사회에서는 모두 건강보험에 가입하고 있다. 모두가 의료라는 재화를 공평하게 나눠 갖는 것이다. 그런데 부의 차이를 무시하고 모든 건강보험료가 같다면 불평등이 일어날 수 있다. 즉 모든 국민이 의료보험에 대한 보장을 받고 있지만 가격의 차이를 둠으로써 결과를 같게 만드는 행위를 하는 것 또한 공기업이 가지고 있는 사상이라고 할 수 있다.

이는 존 롤스가 주장한 『정의』의 내용을 바탕으로 한다. '최소 수혜자에게 최대 이익'이 돌아가게 한다면 사회는 평등해질 수 있다는 원리를 내포하는 것이다. 이 사회는 우연에 의해 얻은 능력들이 존재한다. 부모의 부, 유전자적인 능력은 모두 우연에 의한 능력으로 볼 수 있다. 사회적으로 우연에 의한 능력을 암묵적으로 인정하게 된다면 소수의 능력을 가진 사람은 사회에 참여하게 되나, 그렇지 못한 사람들은 사회적 박탈감을 느끼며 사회에 참여하지 않게 된다. 가령 부모의 부를 통해 좋은 학교를 다니고 좋은 직업을 가지게 되어 사회적으로 우위를 차지하게 된다면 부모의 부를 가지지 않은 사람들은 사회적인 참여로부터 멀어지게 되고, 정부에서 어떤 정책을 하더라도 불신을 가질 수밖에 없다. 이를 최소화하기 위해 공기업은 '최소 수혜자에게 최대 이익'이 돌아가도록 차등적인 세금을 부과하고, 생활이 어려운 대상자들에게는 지원을 해주는 역할을 해야 하는 것이다.

공기업은 이렇듯 공리주의 사상을 통해 재화를 재분배하고 최소 수혜자에게 최대 이익이 돌아가도록 사업을 실시하면서 국가의 성원들이 모두 사회에 적극적으로 참여할 수 있도록 유도하는 역할을 한다. 이를 통해 사회통합이 이루어지고, 국가의 부를 재창출할 수 있다.

4. 현대사회 속 공기업

현재 가장 이슈가 되는 말 중 하나는 '제4차 산업혁명'일 것이다. 4차 산업혁명에 대한 관심은 많지만 그것이 무엇인지 정확하게 알지 못하는 경우가 많다. 그래서 각 공기업 군을 살펴보기 전에 4차 산업혁명에 대해 먼저 알아야 한다. 공기업 역시 이 시대의 흐름을 무시하고 갈 수는 없다. 그렇기 때문에 제4차 산업혁명의 의미를 찾는다는 것은 매우 중요한 일이라고 할 수 있다. 제4차 산업혁명은 클라스 슈밥, 제레미 리프킨, 리처드 서스킨스 등의 저명한 학자들이 앞다투어 이야기하고 있는 개념이기도 하다. 분명 2차 산업혁명, 3차 산업혁명 때 학자들은 이 산업혁명에 대해 그리 관심을 많이 두지 않았다. 필자의 기억으로도 인터넷 혁명이라고 하는 3차 산업혁명 또한 앨빈 토플러의 『미래쇼크』, 마뉴엘 카스텔의 『인터넷 갤럭시』, 하워드 라인 골드의 『돌발 행동』 정도가 다일 뿐 그 외에는 주목을 받지 않았다.

그런데 유독 4차 산업혁명이 굉장히 많은 주목을 받고 있다. 우리는 그 본질에 다가가기 위해 1차 산업혁명에 대해 알아야 한다. 1차 산업혁명은 증기기관이 나타나면서부터 시작되었다. 증기기관은 인류에게 엄청난 변화를 가져다주었다. 인간이 믿고 있던 인간의 근력이 배신당한 순간이었기 때문이다. 이로 인해 경제에도 큰 변화가 일어났다. 산업혁명 전의 경제는 보호주의 경제, 또는 중상주의라고도 불리는 형태의 경제였다. 국가 주도를 통해 국내에서는 길드를 만들고, 그들이 헤게모니를 장악했으며 부르주아로서의 위상을 떨쳤던 것이다. 즉, 산업혁명 전에는 기술자가 대우를 받았던 시기였던 것이다. 이러한 인간의 기술과 근력을 배신한 것이 바로 1차 산업혁명이다. 아니나 다를까 길드를 중심으로 산업혁명 전의 주역으로 활동했던 기술자들은 '러다이트 운동(기계파괴 운동)'을 통해 그들의 불만을 표출했다. 하지만 1차 산업혁명은 막을 수가 없었다. 헤게모니의 패권이 바뀌게 된 것이다.

산업혁명 후 인간의 근력은 무시되고, 분업이 나타났으며 자본가를 중심으로 노동자들이 경제의 주체가 되었다. 산업혁명 후 세상은 급격하게 변하기 시작했다. 자유주의를 필두로 하는 자본주의가 도래한 것이다. 수요와 공급이라는 아주 생소한 이론을 통해 이 사회가 변화된 것이다.

사상적으로도 많이 달라졌다. 산업혁명 이전에는 기독교를 중심으로 하는 소명의식이 기저에 깔려 있었다. 국가주의의 본질이기도 한 이것은 '○○을 위해 일을 해야 한다.'는 이기심보다는 이타심을 더욱 중요하게 생각하는 사상이었다. 산업혁명 후 이러한 의식은 애덤 스미스에 의해 무참히 깨어진다. 애덤 스미스는 『국

부론』에서 "우리가 고기를 먹을 수 있는 이유는 푸줏간 주인의 이타심 때문이 아니라 이기심 때문이다."라
고 하면서 인간의 이기심이 경제의 원천이라는 명제를 내어놓게 된다. 중상주의가 가지고 있던 모든 사상
을 전면적으로 부정한 것이다. 우리가 흔히 생각하는 고전적 경제의 아버지라 불리는 애덤 스미스도 당대
의 대단한 혁명가였다는 점을 알아야 할 것이다.

산업혁명 후 인간의 이기심에 초점을 맞춘 사상들이 나타났다. 그것이 바로 합리주의이다. 합리론, 경험론,
관념론 등이 등장했고 인간의 이성으로 우리의 삶을 바꿀 수 있다는 희망이 존재했다. 하지만 전쟁, 기아 등
은 그치지 않았고, 합리주의와 대립각에 서 있는 염세주의를 동반한 낭만주의 역시 산업혁명 이후에 나타
난 사상이다. 결국 산업혁명 후 인간은 합리주의와 낭만주의의 소용돌이 속에 놓이게 되었다. 우리가 주목
해야 하는 부분도 여기에 있다. 4차 산업혁명은 2차, 3차 산업혁명의 흐름 속에 존재하는 것이 아니라 오히
려 1차 산업혁명과 닮아 있기 때문이다.

2차, 3차 산업혁명이 주목받지 못했던 이유는 1차 산업혁명에서 우리의 삶이 바뀐 축과 그리 다르지 않기
때문이었다. 2차 산업혁명은 전기혁명이라고 하는데 전기가 발명되면서 우리의 삶은 밤이 없는 삶으로 바
뀌게 되었다. 즉 이것은 1차 산업혁명에서 형성된 경제 체제인 자본주의를 더욱 가속화시키는 현상으로 나
타난 것이다. 국토는 점차 빠르게 도시로 변화되어 갔고, 길거리에 노동자는 급증하였으며, 공급의 중심에
기업이 서 있는 시기가 된 것이다. 이런 변화는 그리 크게 낯설지 않았다. 헤게모니를 장악하고 있던 자본
가도 경제의 주체인 노동자도 이를 반대할 리 만무했다. 당연한 결과였다. 공급 중심의 경제가 가속화되면
서 자본은 축적되었고 노동자들의 임금도 상승했기 때문이다. 결국 2차 산업혁명은 인류의 세계관 자체를
흔들지는 못한 것이다.

3차 산업혁명도 마찬가지다. 물론 2차 산업혁명보다는 인류의 세계관을 흔들었지만 1차 산업혁명처럼 인류
가 믿고 있던 본질을 흔들지는 못하였다. 인터넷 혁명이라고도 부르는 3차 산업혁명은 정보화 사회, 네트워
크 사회라고도 하는데, 이를 주장한 학자는 앨빈 토플러, 마뉴엘 카스텔 정도였다. 인터넷이 발달하면서 인
간은 더 많은 정보를 습득하고, 더 많은 생산물을 만들어낸다. 2차 산업혁명 때와 다른 점이라고 한다면 눈
에 보이지 않는 생산물이 나타난 정도라는 것이다.

이를 통해 장 보드리야르가 주창한 '기호소비사회'가 더욱 가속화되었다. 인터넷 혁명이 일어나면서 공급
중심의 경제에서 소비 중심의 경제로 바뀌게 되었기 때문이다. 인간은 축적된 자본 위에서 인터넷에 접속
해 정보를 얻고 물건을 소비한다. 즉, 재화의 소비가 가속화된 것이다. 결국 소비를 할 때 가장 필요한 것이
바로 '기호', 어떤 물건의 이미지를 통해 재화를 소비한다는 것이다. 또한 지식 발전사회에서 지식은 휴대
할 수 있는 것으로 바뀌게 되었다.

지식은 선형지식과 점형지식으로 분류된다. 선형지식은 암기에 의한 지식으로 우리에게 익숙한 영역을, 점
형지식은 인터넷에 산개되어 있는 지식을 지칭한다. 이를 연결하는 과정은 자신의 스토리에 의해 이루어지

는 것이다. 암기가 필요 없는 사회로 진입하게 된 것이 바로 인터넷 혁명이다. 이렇게 이야기하면 대부분의 사람들이 "이것이 4차 산업혁명 아닌가요?"라는 반응을 보인다.

4차 산업혁명이라고 하는 것은 A.I를 기반으로 하는 사회이다. A.I의 딥러닝을 통해 전 인류가 A.I를 당연시 받아들이는 사회를 일컫는다. 작금의 사회를 1차 산업혁명의 시기에 비교하자면 제임스 와트의 증기기관의 원리와 뉴커먼의 증기기관 정도일 것이다. 즉, 4차 산업혁명이 가속화되는 시기는 아직 도래하지 않았다. 미래학자들이 "미래에는 이렇게 될 것이다."라는 명제를 계속 내고 있기는 하지만 아직 미래의 이야기일 뿐 현실의 이야기가 아님을 명심해야 한다.

3차 산업혁명으로 돌아가 보자. 인터넷 혁명이라는 말이 생겨나면서 우리에게 형이상학적으로 다가오는 말이 생겨났다. 바로 '창의, 창조, 혁신'이라는 말이다. 이 말은 인터넷 사회에서 지식은 새롭게 무엇인가를 만드는 생산의 영역이라는 말과도 일치하는 것이다. 자신이 기본적으로 가지고 있는 지식을 기반으로 다른 영역들과 조화시키는 것이 3차 산업혁명의 핵심이다. 그렇지만 이것이 우리의 삶의 기반과 사상들을 모두 바꾸지는 못했다. 아주 점진적인 변화는 있었다고 하더라도 말이다.

3차 산업혁명에서 나타난 사회적 현상은 자본주의가 가지고 있었던 문제점들이 나타난다는 것이다. 자본주의는 인간의 수에 의존할 수밖에 없는 경제 체제이다. 인구가 과잉되어도 안 되고, 그렇다고 너무 부족해도 경제는 원활하게 돌아갈 수가 없다. 그것이 지금 현실에서 나타나는 저출산, 고령화 문제와도 맞물리게 된다. 3차 산업혁명이 중요한 점은 자본주의의 문제점을 드러내고, 합리주의에서 기인하는 사상들의 문제점을 드러냈다는 성과를 가지고 있기 때문이다. 이후 4차 산업혁명에서는 우리의 경제 체제를 바꿀만한 것들이 나타날 것이다. 4차 산업혁명이 주목받고 있는 점이 바로 이 부분이다.

4차 산업혁명은 1차 산업혁명과 마찬가지로 인류가 틀림없이 믿고 있던 인간의 두뇌를 배신하는 것이다. A.I는 딥러닝을 통해 당신이 30년 가까이 습득해 온 지식을 단 3분 만에 습득하게 될 것이다. 그래서 1차 산업혁명과 비슷하게 A.I의 미래를 디스토피아로 생각하는 사람들이 많아졌다. 일자리는 A.I에 의해 없어질 것이며, A.I가 인류를 지배할 것이라는 생각을 하고 있다. 하지만 1차 산업혁명 이후에도 이러한 우려는 있었다. 그리고 인류는 계속 진보하고 진화하면서 문명을 이루어 왔듯이, 4차 산업혁명 역시 인류를 또 다른 진보로 이끌 것이다.

결국 4차 산업혁명은 우리의 경제를 바꿀 것이다. 자본주의보다는 공유경제가 또 다른 경제의 형태를 이룰 것이다. 우리의 리더는 사라지고 개인 모두가 경제의 주체가 되어 진정한 프로슈머의 사회가 생겨날 것이다. 기업도 이와 비슷하게 변화할 것으로 예측된다. 기업에서 필요한 인재는 지식인들이 될 것이다. 본질을 찾는 능력을 중시하게 될 것이고, 그에 대한 정보를 A.I가 줄 것이며 기업들은 B2B보다는 B2C에 더 집중될 것이다.

예를 들어보자. 우리의 가까운 미래에 자율주행자동차가 있다. 자율주행자동차는 A.I를 통해 스스로 주행을 하는 자동차이다. 이 자동차는 전기에너지로 달리게 될 것이고, 신재생에너지는 자동차를 달리게 하는 원동력이 될 것이다. 자율주행자동차는 인간이 운전하는 것보다 안전할 것이다. 하지만 그것보다 더 본질적으로 인간에게는 불안이 존재한다. 기계가 운전하는 것을 잘 믿지 못한다는 점이다. 그래서 자동차 회사들은 기능적으로 더욱 안전한 시스템을 홍보하게 된다. 이 점은 기호소비사회는 무너지고 기능주의 사회로 바뀔 수 있다는 점을 시사한다. 보험도 바뀌게 된다. 만약 사고가 나게 된다면 자동차 회사에서 보험료를 내주어야 한다는 점이다. 그래서 보험 회사는 개인과 기업까지 연결하는 것이 아니라 기업과 기업 간의 연결로 변하는 것이다.

공기업 자소서 책에서 왜 이런 4차 산업혁명을 이야기하는지 궁금한 사람도 있을 것이다. **4차 산업혁명은 아직 우리의 미래라는 공간에 존재한다. 반드시 재화와 시간을 투자해서 대비해야 하는 부분이다.** 경제는 늘 경공업에서 중공업으로 중공업에서 서비스 산업으로 그리고 첨단산업으로 넘어간다. 4차 산업혁명은 반드시 시간이 필요한 사업이다. 이를 민간에만 맡길 수 있겠는가? 민간은 당장 이윤이 나지 않으면 투자가 이루어지기 어렵다. 그러므로 이는 대단한 국가적 사업이라고 할 수 있는 것이다. 그래서 더욱 공기업의 역할이 중요한 시점이다. 즉 자율주행자동차는 민간이 만들겠지만 효율적인 운행을 위해 스마트 그리드 단지, 스마트 시티 사업은 국가적 차원에서 성공을 이루어야 한다는 것이다. 예를 들어 한국도로공사의 ITS 사업을 통해 민간이 만든 자율주행자동차를 발전시킬 수 있고 현재 도심의 문제를 해결하는 역할을 할 수 있다. 또한 한국공항공사에서 준비하고 있는 UAM(도심항공교통) 서비스는 민간의 드론 사업을 발전시킬 수 있다. 그러므로 공공기관은 민간사업을 발전시키는 성장동력이 될 수 있다는 것이다.

더 나아가 현재는 보통명사가 되어있는 복지는 어떠한가? 4차 산업혁명은 우리의 삶에 직접적인 영향을 미친다. 블록체인을 통해 금융은 좀 더 투명해지고, 우리의 신상 정보는 시간이 갈수록 의미가 없어진다. 이 상황에서 우리는 복지라는 삶의 질을 높이는 경제에도 주목해야 한다. 경제가 어려워질수록 이 사회는 '노동의 유연성'을 강조한다. 물론 맞는 말이다. 노동의 유연성을 통해 노동자를 늘리고 노동의 가치를 실현시키는 것도 중요하다. 하지만 노동의 유연성은 스웨덴이나 덴마크 등의 복지국가처럼 '동일노동 동일임금의 원칙'하에서만 이루어질 수 있다.

4차 산업혁명은 투명한 사회를 추구하고 만들 것이다. 소비자는 착한 기업을 중요하게 생각할 것이고, 부의 평등을 더욱더 강조하게 될 것이다. 이러한 상황에서 복지는 불가피한 선택이 되었다. 시민들의 사회보장 요구는 늘어나게 되고, 복지 공기업은 이 요구를 수렴하면서 발전하는 것이다. 오히려 **사회 변화를 가장 민감하게 보아야 하는 회사가 공기업이다.** 그래서 우리는 4차 산업혁명과 앞으로 다가올 미래에 대해 알아야 한다. 산업의 전환기에 가장 중요한 곳이 '공기업'이기 때문이다. 이를 바탕으로 공공기관 부문별 외부 환경과 기업별 사업에 대해 정리해보면 다음과 같다.

공공기관 부문별 외부 환경과 기업별 사업

공공기관 부문	외부 환경	기업별 사업
에너지 발전	• 국제적인 기후변화 대응을 통해 에너지 전환 • 정부의 탄소중립 2050정책 • 수소경제를 통한 에너지 선진국으로의 도약 • 4차 산업혁명으로 인한 디지털화	• 한국전력공사: 분산형 에너지 정책, 송배전 지중화 정책, 마이크로그리드 사업 추진, 스마트 시티 사업 에너지 담당 • 한국가스공사: 수소사업, LNG 벙커링 사업 • 전자회사: LNG발전소, 열병합발전소 건립을 통한 에너지 효율화 정책
사회·복지	• 공동의 선으로 나아가기 위한 정부의 역할 주도 정책 • 침체된 경기 활성화를 위한 복지 정책 • 사회적 약자를 위한 복지 정책	• 국민건강보험공단: 의료사각지대 해소, 의료 보장범위 확대 등 • 국민연금공단: 연금을 통한 노후보장과 기금 운용 • 근로복지공단: 근로자의 복지 보장 및 노동처우 개선 강화 등
SOC	• 4차 산업혁명에 대한 인프라 구축 • 노후화된 지역에 대한 인프라 구축 • 산업의 견인차 역할 • 현재 산업들이 가지고 있는 문제를 해결하는 방향으로 진행	• 한국도로공사: ITS 등 도로통신망 연결을 통한 도로 문제 해소 • 한국공항공사: 드론 및 공항과 도심의 연결, 스마트 시티 구상 등 • 한국수자원공사: 물관리 일원화, 재생에너지 발전
도시개발	• 도시문제의 산적(고령화, 주거복지, 도시의 양극화) • 불안한 부동산 문제와 정책	• LH한국토지주택공사: 주거복지의 실현, 도시 재생사업 등
금융권	• 금융의 디지털트랜스포메이션 • 가상화폐의 출현과 전 세계적인 금융의 불안 • 산업전환기 시대의 도래로 인한 기존 산업의 침체	• IBK기업은행: 중소기업 육성정책, 중소기업 디지털 전환 교육 등 • 한국주택금융공사: 주택자금대출, 대출 시스템의 디지털화 • 예금보험공사: 금융의 불안을 해소하기 위한 예금 정책 강화, 기금 조성 마련 등

2 단계별 공기업 분석하기

1. 인사말과 회사 개요 분석

기업을 분석하기에 앞서 가장 먼저 해야 할 일은 공공기관의 인사말과 회사 개요를 보는 것이다. 어떤 공공기관이든 인사말과 회사 개요는 반드시 있다. 물론 처음부터 '지속가능경영보고서'를 보는 것도 추천할 수 있지만 지속가능경영보고서를 먼저 보게 되면 무엇부터 어떻게 봐야 할지 모르는 경우가 많기 때문에 우선 인사말과 회사 개요를 보고 이 기관이 무엇을 중요하게 생각하는지 작성해 보아야 한다. 인사말에는 공공기관의 철학이 들어가 있다. 예를 들어 한국철도공사(코레일)는 '안전'을 매우 중요하게 생각하고, 한국전력공사는 '안정된 전력 공급'을 중요하게 생각한다. 단순히 여기에서 그치는 것이 아니라 회사 개요를 보고 왜 이러한 철학이 생겼는지 본인의 생각을 정리해서 쓴다면 공공기관을 이해하는 데 매우 좋을 것이다. 이 책에서는 공공기관을 준비하는 사람들이 가장 많이 지원하는 한국전력공사와 한국철도공사, 국민건강보험공단 세 기관을 가지고 분석을 해보려고 한다.

이 책에 수록된 인사말과 회사 개요 분석 사례는 핵심 문장 전체를 분석한 것으로 가장 이상적인 방법이다. 이 방법이 너무 어렵다면 모르는 단어만이라도 찾아서 정의해 보도록 하자. 여기서 모르는 단어란 정확하게 설명할 수 없는 단어이다. 예를 들어, '에너지 플랫폼'이란 에너지의 수요와 공급망을 전체적으로 관리하는 역할을 하는 것으로 에너지 데이터를 하나의 플랫폼으로 통합하여 제공하는 역할을 하는 것이고 '2050 탄소중립'이란 정부가 2020년 12월 7일 발표한 방안으로, 경제구조의 저탄소화, 신유망 저탄소 산업 생태계 조성, 탄소중립 사회로의 공정전환 등 3대 정책방향에 탄소중립 제도적 기반 강화를 더한 '3+1' 전략으로 구성되는 것이다. 이처럼 모르는 단어를 찾을 때에는 사전적 정의만이 아니라 해당 기업의 보도자료 등에서 관련 내용을 찾아봐야 한다.

🔍 사례로 확인하기 ① 한국전력공사

인사말

❶ '세계 최고의 에너지플랫폼 기업'으로 한 단계 도약하겠습니다.

한국전력을 찾아주셔서 반갑습니다. 한국전력은 ❷ 지난 120여 년 동안 안정적 전력공급으로 우리나라의 산업발전을 뒷받침하며 꾸준히 성장해 왔습니다. 국민과 고객 여러분의 따뜻한 응원 덕분입니다. ❸ 탄소중립(Carbon Neutral) 시대를 맞아 한국전력은 에너지 패러다임 변화를 선도하기 위해 한층 더 노력하고 있습니다. 전력산업의 탈탄소화, 전력생산과 소비의 분산화, 전력 생태계 전반의 지능화를 이끌어 가겠습니다. ❹ 또한 시대의 흐름과 요구를 조금 먼저 호흡하고, 연대와 협력의 구심점이 되어 지역사회와의 동반성장을 추진해 가겠습니다. 소외된 이웃을 살피며, 고객과 대화하고 소통하기 위해서도 최선을 다할 것입니다. '세계 최고의 에너지플랫폼 기업'으로 한 단계 도약하는 한국전력의 모습을 계속 지켜봐 주십시오. 유능한 KEPCO, 믿을 수 있는 KEPCO, 존경받는 KEPCO로 발전해 나가겠습니다. 고맙습니다.

인사말 분석

❶ 에너지플랫폼 기업으로 도약하기 위해 고객상호 간에 남거나 부족한 전력을 양방향으로 주고받으면서 효율을 극대화할 수 있는 에너지인터넷 구현에 노력하고 있다. 나주 혁신도시에 스마트시티 구축을 추진하고 에너지로 세상을 잇는 스마트 에너지 벨트, 스마트 에너지월드의 기반을 마련하고 있으며 한국전력공사 본사와 인재개발원에 스마트 타운을 준공하였다. 스마트 타운은 단일 건물에민 적용하던 빌딩에너지 관리시스템 K-BEMS를 타운화·집적화한 모델로, 타운 내 모든 에너지원을 모니터링하고 분석해 에너지의 생산과 소비를 최적으로 관리할 수 있다.

• 한국전력공사 주요 사업: 스마트시티, AMI, F/R ESS, K-SEMS, EVC, 스마트그리드, 에너지신산업펀트, 신재생에너지, P2G기반 KEPCO MG

❷ 한국전력공사는 한성전기로부터 시작하여 한국 산업을 발전시키기 위한 인프라를 구성하고 산업의 견인차 역할을 만들어 왔다.

❸ 탄소중립이란 탄소배출을 제로화하는 것으로 에너지 패러다임의 변화를 위해 스마트그리드, AMI 등 신사업 기술개발 및 실증 등을 통해 에너지 신사업을 전개해 나가고 있다. 특히 중점 전략으로는 전기차충전사업과 태양광발전사업, 스마트시티사업, 그린수소사업이 있다.

❹ 한국전력은 ESG 경영 대신 EHS(환경, 보건, 안전)라는 경영방침을 내세우며 발전하고 있다. 즉 이 가치는 인간 존중 정신을 바탕으로 지속적인 기업 발전과 깨끗하고 안전한 사회를 구현하기 위해 다음 4가지 사항을 적극 실천한다.

• 기업 활동에 있어 EHS 경영을 타협 불가의 최우선 가치로 삼는다. 국제표준 EHS 경영 시스템을 국내외 사업장에 구축·운영하고 모든 임직원은 EHS 경영 이행에 최선을 다한다.

• 전력사업에서 발생 가능한 환경 위험 요소를 발굴, 제거하고 친환경 경영에 주력하며, 기업 활동 중의 안전 위험을 평가, 대응하고, 임직원에게 안전하고 건강한 근무 환경을 제공한다.

• 모든 이해관계자(협력사, 사업 파트너 등)에 EHS 경영을 전파한다.

• EHS 경영의 지속적 개선을 위한 목표와 세부 실천 계획을 수립한다.

회사 개요

한국전력은 좋은 품질의 전기를 안정적으로 공급하면서 '에너지전환'과 '디지털변환'을 주도해 갑니다. 전기(電氣)로 국민들의 삶을 지켜온 한국전력은 에너지의 새로운 미래를 준비하고 있습니다. 깨끗한 전기를 더 많이 만들어 우리의 안전과 환경을 지키고, 강력한 '에너지플랫폼'을 통해 전기사용을 더 쉽고 편리하게 바꿔가겠습니다.

회사 개요 분석

한국전력공사는 재생에너지와 신에너지를 통해 에너지전환을 꾀하고 있다. 이를 통해 분산형 전원으로 가기 위한 인프라 구축이 필요하다. 이를 위해 스마트그리드 사업과 마이크로그리드 사업을 중요한 과제로 이어가고 있다. 더 나아가 이와 관련된 디지털 변환을 통해 전력 서비스 회사로서의 입지를 굳혀가고 있다.

이상으로 한국전력공사의 인사말과 회사 개요를 분석해 보았다. 인사말을 살펴보면 작은따옴표가 있는 부분이 핵심이다. 그다음 해야 할 작업은 홈페이지와 에너지 정책에 대해 검색하는 것이다. 한국전력공사의 인사말에서 가장 중요한 키워드는 '에너지플랫폼'이다. 에너지플랫폼은 전 세계의 전력회사들이 꿈꾸는 형태이다. 전력의 공급자이자 수요자를 연결하여 수익을 창출하는 새로운 플랫폼인데, 한국전력공사 홈페이지의 '에너지 신산업'을 찾아보면 자세히 나온다. 이를 통해 필요한 부분을 수집하여 본인의 노트에 적어보자. 여기서 가장 중요한 것은 자신의 생각을 넣어야 한다는 점이다. 자신의 생각을 넣어야 자기소개서든 면접에서든 준비한 내용의 3분의 1이라도 제대로 이야기할 수 있기 때문이다.

그리고 한국전력공사의 회사 개요에 대해 정리했다. 한국전력공사는 홈페이지의 '한전 소개'에 회사에 대한 내용이 정리가 잘 되어 있는 공공기관 중 하나이다. 사실 작은 공공기관들은 이 부분이 정리가 잘 되어 있지 않은 경우가 많다. 하지만 포기하지 마라. 어디든 이 부분에 대한 것은 반드시 정리가 되어 있다. 이 회사 개요 분석이 제대로 되어야 본인이 하고 싶은 사업, 혹은 본인이 가고 싶은 공공기관의 사업과 관련한 지식을 제대로 습득할 수 있다. 여기에서는 인사말에서 이야기한 내용을 정리한 정도로도 충분하며, 사업 분석에 대한 부분은 뒤에서 다룰 것이기 때문에 처음부터 무리하지 말고 공공기관의 인사말과 회사 개요 분석에만 집중하도록 하자.

🔍 사례로 확인하기 ② 한국철도공사(코레일)

인사말

❶ 대한민국 철도는 지난 127년 동안 우리의 삶과 함께 해왔습니다. 국가 대동맥으로서 전국 방방곡곡 사람과 물자를 실어 나르고 지역과 지역을 이어 왔습니다.

❷ 한국철도공사는 국민 모두를 위한 보편적 대중교통 서비스를 제공하며 안전하고 편리하게 열차를 이용할 수 있도록 최선의 노력을 다하고 있습니다.

❸ 철도는 탄소중립 시대를 대표하는 핵심 교통수단입니다. 기후위기 극복을 위해 탄소 배출량이 승용차에 비해 1/6 정도에 불과한 저탄소·친환경 전기철도차량의 도입을 확대하고 있습니다. 아울러 친환경 철도 인프라를 구축하고 4차 산업기술을 접목하는 등 한국판 뉴딜에도 적극 앞장서겠습니다.

❹ 대한민국 철도는 한반도를 넘어 유라시아로 가는 꿈을 꾸고 있습니다. 대륙철도 연결에 대비하며 국민이 체감할 수 있는 스마트 혁신, 철도 네트워크 협력 강화에 노력하겠습니다.

무엇보다 국민의 안전과 생명을 최우선으로 삼겠습니다. 저희 3만 임직원들은 국민 여러분이 안심하고 열차에 오를 수 있도록 코로나 방역에 온 힘을 쏟고 있습니다. 아울러 데이터 기반 스마트 철도안전관리 기술 도입해 세계 최고 수준의 철도안전을 달성하겠습니다.

새로운 철도 르네상스 시대를 열어가기 위한 여정에 동반자가 되어주시길 바랍니다. 대한민국의 내일, 국민 여러분과 함께 한국철도가 열어 가겠습니다. 아낌없는 격려와 관심 부탁드립니다. 고맙습니다.

인사말 분석

❶ 한국철도공사의 가장 중요한 정체성이라고 할 수 있는 문장이다. 한국철도공사의 가장 중요한 목표는 사람과 물자를 연결하여 지역 간의 연결, 더 나아가 세계의 연결을 꾀하는 회사이다.

❷ 열차는 한 번에 많은 승객을 수송하는 편리성을 가지고 있지만 사고가 날 경우에는 큰 피해가 발생할 수도 있다. 열차의 속도가 더욱 빨라지고 있는 가운데 사고가 나게 되면 더 큰 인명사고가 날 수 있다. 그러므로 안전한 열차 관리를 통해 국민들이 신뢰할 수 있도록 해야 한다.

❸ 철도는 이산화탄소를 적게 배출하는 교통수단으로 탄소중립 시대에 가장 핵심적인 교통수단과 물류 수송수단이 될 것이다.

❹ 2018년 6월 7일 국제철도협력기구(OSJD)의 정회원국이 되어 유럽-아시아 간 국제철도 운행의 국제적 기반이 마련되었다. 이를 통해 우리나라는 지리학적으로 유라시아 철도와 시베리아 횡단철도를 잇는 구축점이 되었다. 이는 아시아와 대한민국을 이어 물류, 사람을 잇는 구축점이 될 수 있다.

회사 개요

안전하고 편리한 철도 서비스 제공으로 국민행복 증진과 사회적 책임을 강화하고 남북 대륙철도 연결과 미래 성장동력을 확보하여 철도중심의 생활문화를 조성하는 기업으로 나아가는 것을 목적으로 한다.

회사 개요 분석

한국철도공사는 안전을 우선시하는 기업이며, 이를 통해 국민에게 신뢰를 얻어야 하는 기업이다. 또한, 남북 대륙철도의 연결은 한국철도공사에서 매우 중요한 사업이 될 것이다. 우리나라는 2018년 6월 7일 국제철도협력기구(OSJD)의 정회원국이 되어 유럽-아시아 간 국제철도 운행의 국제적 기반이 마련되었다. 국제철도협력기구에 가입하여 국제철도화물운송협약, 국제철도여객운송협약 유라시아 철도 이용에 있어 중요한 협약들을 타 회원국들과 체결한 것과 같은 효과를 얻게 된 것이다.

이상이 한국철도공사의 인사말과 회사 개요 분석 결과물이다. 위의 내용을 다시 정리해보면 한국철도공사는 '안전'을 가장 최우선으로 하고 있으며, 철도는 여객에 가장 우선되는 교통수단 중 하나로, 국민이 안심하고 이용할 수 있어야 하기 때문에 철도의 안전은 매우 중요시된다. 하루 평균 18만 7천여 명이 이용하는 광역철도사업 역시 당연히 안전을 최우선으로 해야 한다. 더 나아가 세계로 뻗어나갈 수 있는 사업인 남북철도사업 또한 중요하다. 또한, 4차 산업혁명과 발맞춘다는 점도 눈여겨보아야 한다. 다시 말해 남북철도사업뿐만 아니라 4차 산업혁명에 맞춰 친환경 사업과 IT를 활용하는 분야도 주목해야 한다. 한국철도공사는 시장형 공기업으로 이익은 물론이거니와 사회적 책임 역시 중요한 기업 중 하나이다. 그러므로 사업 영역이 분화되어 있으며 이익을 위한 사업 역시 중요하게 여기는 기업이라고 할 수 있다. 이러한 부분을 이해하고 한국철도공사의 철학에 대해 정리한다면 기업이 원하는 방향이 무엇인지 정확하게 알 수 있을 것이다.

🔍 사례로 확인하기 ③ 국민건강보험공단

인사말

국민건강보험공단은 사회보장 중추기관으로서 국민의 건강을 지키며 삶의 질을 향상시키기 위해 최선을 다하고 있습니다.

❶ 국민 모두가 함께 누리고, 보다 공정한 건강보험제도를 만들기 위해 보장성을 지속적으로 높이고 건강보험료 부과체계를 합리적으로 개편해 나가겠습니다.

❷ 공공의료 확충과 서비스 질 향상을 위해서도 공단의 역할을 확대하고 건강보험재정의 안정성을 높임은 물론, 국민의 행복한 노후를 보장하고 미래에 대비하는 장기요양보험을 만들겠습니다.

이곳 홈페이지가 여러분과 소통하고 건강보험 정책 정보를 쉽고 신속하게 전달하는 통로가 되기를 바랍니다. 앞으로도 많은 관심과 성원을 부탁드리며 찾아주신 모든 분들의 건강과 행복을 기원합니다. 감사합니다.

인사말 분석

❶ 우리나라 건강보험은 우수한 제도로 꼽히나 국민들의 의료비 부담은 높은 편이다. 국제적으로 비교하면 OECD 국가들 중에서 멕시코 다음으로 가계직접의료비 부담 비율이 높은 것으로 나타났다. 실제로 가족이 중증질환에 걸리게 되면 의료비 걱정부터 앞서게 되고, 특히나 저소득층은 의료비 때문에 빈곤층으로 전락하는 경우가 발생하고 있다. 그러므로 보장범위를 늘려 국민의 의료비를 줄어들게 하는 것이 중요하다.

❷ 본인부담상한제를 실시하여 소득수준 하위 50%에 해당하는 경우, 본인이 부담하는 연간 진료비 상한액이 연소득 10% 수준까지 줄어들게 된다. 또한 2015년부터 연평균 보험료 분위를 바꿔 중산층, 소득수준 하위 50%까지 보험료를 투명하게 하고 있다. 또한 노인장기요양보장제도를 통해 개인이나 가계의 부담을 떠나 사회적 국가적 책임을 지고 있다.

회사 개요

❶ 희망과 행복: 평생건강서비스를 강화하여 국민에게 한줄기 빛과 같은 희망을 주고, 행복한 삶을 영위할 수 있도록 건강의 가치를 나누어 가자는 의미

❷ 소통과 화합: 내·외부 이해관계자와 신뢰를 바탕으로 소통과 화합을 통해 건강보험제도의 지속가능한 발전과 보건의료체계 전반의 도약을 추구해 나가자는 의미

❸ 변화와 도전: 기존의 제도와 틀에 안주하지 않고 혁신을 통해 제도의 미래가치를 창출할 수 있도록 도전해 나가자는 의미

❹ 창의와 전문성: 창의적인 사고와 최고의 전문 역량을 함양하여 글로벌 Top 건강보장제도로 도약할 수 있도록 혁신을 주도하는 전문가를 지향하자는 의미

❺ 청렴과 윤리: 윤리적 가치 판단을 행동기준으로 삼아 공정하고 투명한 업무 수행을 통해 깨끗하고 청렴한 사회를 만들고 국민으로부터 가장 신뢰받는 공공기관을 추구하자는 의미

회사 개요 분석

❶ 국가가 국민의 건강을 지키는 것은 가장 중요한 사회적 가치가 될 수 있다. 국민이 건강해야 경제의 주체 중의 하나인 가계가 건강해질 수 있으므로 평생건강서비스는 매우 중요한 가치가 된다.

❷ 건강보험공단의 제도가 제때 변화하지 않으면 현실과 괴리가 생기고 마찰을 일으킨다. 인구 격변기에 들어선 지금이 적기이다. 제도를 바꾸려면 의사, 의료업계 종사자뿐 아니라 국민의 동의가 필요하다.

❸ 건강보험은 보험료가 높으면 막상 치료를 받아야 할 때 본인 부담금이 적고, 반대로 낮아지면 건강보험을 이용할 때 본인 부담금이 커진다. 인구 구조와 산업이 변화하고 있는 지금 우리는 어떤 질병에 노출될지 모르는 상황에 놓이게 된다. 이때 민간보험보다 보장성을 강화한다면 미래가치를 창출할 수 있다. 여기에서 가장 큰 문제점은 바로 국민들을 얼마나 설득시킬 수 있는가에 있다.

❹ 우리나라는 의료보험이 성공적으로 뿌리내린 나라이다. 대만·필리핀·베트남·이란 등이 우리 뒤를 따랐고, 이들 나라에서 벤치마킹을 목적으로 우리나라를 많이 찾고 있다. 여기에서 더 나아가 국민의 삶의 질을 향상시키기 위한 연구를 해야 한다. 실제로 1990년대까지 우리나라 보건소는 출산 억제가 목적인 가족계획과 결핵 퇴치가 주된 업무였고 저소득층이 주로 이용했다. 현대에 들어서 만성 퇴행성 질환이 늘어나는 변화에 맞춰 비전염병과 정신 보건을 보건소가 담당하도록 업무를 조정했다. 공공 부문도 앞으로 고령 사회에 대비하기 위해 좀 더 전문적이고 보편적인 방향으로 변화를 꾀해야 한다.

❺ 현재 대한민국을 관통하는 가치관은 바로 '공정'과 '정의'라고 할 수 있다. 현대 국가는 그 내용이나 정도에 차이가 있으나 모두 복지국가를 지향하고 있으며 경제의 발전과 함께 사회보장의 의무를 다한다는 내용을 담고 있다. 건강보험제도는 모든 국민들이 납부의 의무를 지며 균등한 보장과 소득 분배의 역할을 하고 있기 때문에 국민들에게 알 권리를 부여하여 정보공개와 국민참여를 기본으로 하고 있다.

이상이 국민건강보험공단의 인사말과 회사 개요 분석이다. 이렇게 분석한 자료를 보여주면 "이런 내용은 어디서 찾을 수 있나요?"라는 질문이 쇄도한다. 인사말과 회사 개요는 국민건강보험공단 홈페이지, 그리고 이사장의 인터뷰 등에서 모두 찾을 수 있다.

공공기관에 대한 대부분의 자료는 홈페이지에 있기 때문에 홈페이지를 정리하는 것만으로도 많은 정보를 얻을 수 있다고 하지만, 실제로 정리하는 사람은 매우 드물다. 홈페이지 자체가 깔끔한 노트처럼 되어 있기 때문이다. 이는 마치 남의 노트로 공부를 하는 것과 같다. 어떤 과제가 주어졌을 때, 다른 사람의 노트로 공부를 하면 잘할 수 있는가? 절대 그렇지 않을 것이다. 홈페이지와 기사 검색을 습관화하여 자신이 들어가고 싶은 공공기관의 분석을 시작해 보자. 물론 이것이 끝이 아니다. 이제 사업 분석을 통해 자신의 역량을 살펴보고 기업의 가치체계를 분석해 보자.

2. 사업과 역량 분석

사업 분석을 시작하기에 앞서, 왜 사업 분석을 하는지 알아야 한다. 공공기관의 사업은 정해져 있고, 하는 일이 매우 고정적이기 때문에 공공기관을 준비하는 사람들은 공공기관에 대해 잘 알고 있다고 착각을 하는 경우가 있다. 예를 들어 코레일이라고 하면 '철도 사업'이 머릿속에 바로 떠오를 것이다. 하지만 철도 사업 안에서 다른 세부적인 사업들이 많이 나뉘어 있다는 것은 홈페이지만 보더라도 알 수 있다. 사업 분석을 하는 가장 큰 이유는 자신이 어떤 사업을 하고 싶은지 확인하기 위해서이다. 자기소개서를 쓰거나 면접을 볼 때 '지원동기', '입사 후 포부', '10년 뒤 어떤 일을 하고 있을까?'라는 질문을 받게 되는데 이럴 때 그냥 "저는 전문가가 되어 있을 겁니다."라는 식의 식상한 표현은 매우 좋지 않은 인상을 주게 된다. 그러므로 사업 분석을 통해 자신이 하고 싶은 사업을 정하는 것이 좋다. 특히 공공기관은 채용공고문에서 'NCS 직무기술서'라는 것을 게재하는데 이를 토대로 자신의 역량(필요지식, 필요기술, 직무수행태도)을 매칭한다면 자기소개서나 면접에서 좋은 점수를 받을 수 있을 것이다.

이렇게 얘기하면 문득 "공공기관 하나를 준비하는 데 이런 것까지 준비해야 하나?"라는 생각이 들 수도 있다. 취업 준비를 할 때 우리가 착각하는 것이 하나 있다. 취업 준비는 눈에 보이는 준비와 눈에 보이지 않는 준비가 있다. 그중 눈에 보이는 것은 자소서, 스펙, 필기시험 공부이고 눈에 보이지 않는 준비는 기업 분석, 산업 분석이다. 결국 우리는 눈에 보이지 않는 준비를 하지 못해서 디테일한 부분을 채우지 못한다. 그러므로 자신이 지원하는 기업의 사업을 분석하고 이를 'NCS 직무기술서'와 연결한 후 본인의 포트폴리오와 연결하는 작업을 꼭 해보기를 바란다.

🔍 사례로 확인하기 ① 한국전력공사

사업 분석

한국전력공사의 사업은 크게 국내사업, 해외사업, 에너지신사업, 연구개발사업으로 분류된다. 국내사업은 송배전사업과 전력판매, 전력수요관리가 있고, 해외사업은 발전사업(화력, 원자력, 신재생에너지사업), 송배전사업, 에너지신사업 등을 하고 있다. 이를 정리하면 다음과 같다.

사업	세부사업	내용
국내 사업	송변전사업	• 전국을 거미줄처럼 연결하는 다중환상망(Multi-loop) 형식의 송변전 계통을 구축, 운영 • 1990년부터 단계적으로 765kV 대전력 송전망 구축을 통해 안정된 전력 공급망 확보 • 대형 고장 예방을 위해 도심지 지하 다회선 전력구 내 케이블 감시 시스템 설치, 송전선로 GPS 좌표를 활용한 자율비행 드론, 변전소 설비 점검용 로봇 개발 추진
	배전사업	• 'KEPCO - A Smart Energy Creator'라는 비전을 가지고 배전 설비 확충과 우수한 전력 공급을 통한 신뢰도 향상 • 전력 설비의 지중화 작업을 통한 편의성 확보
	전력판매	• 6개의 발전회사와 민간발전회사, 구역전기사업자가 생산한 전력을 전력거래소에서 구입하여 일반 고객에게 판매 • 낮은 전기요금과 우수한 전력품질 공급(KEPCO는 세계 최고 수준의 연간 호당 정전시간(8.90분)과 규정전압유지율(99.99%), 송배전 손실률(3.54%)을 기록)
	수요관리	• 최소의 비용으로 소비자의 전기에너지 서비스 욕구를 충족시키기 위해 소비자의 전기 사용 패턴을 합리적인 방향으로 유도하기 위한 제반 활동 • 에너지자원 절약을 목적으로 최소비용계획을 통해 공급과 수요의 최적 조합을 찾는 계획
해외 사업	발전사업	• **화력사업:** 필리핀 말라야 중유발전 성능복구 운영사업을 시작으로 필리핀, 사우디아라비아, UAE, 요르단, 멕시코, 베트남, 남아공, 말레이시아 등으로 화력발전사업을 전개

해외 사업	**발전사업**	• **원자력사업**: (한국) 현재 UAE 바라카에서는 세계에서 유일하게 원전 4개 호기가 동시에 건설되고 있으며, 그중 1호기는 2020년 3월에 핵연료 장전을 마치고 마지막 시운전을 순조롭게 진행 중 • **신재생에너지사업**: 태양광, 풍력을 중심으로 미국 콜로라도(태양광), 미국 괌(태양광), 일본 치토세(태양광), 중국 내몽고(풍력), 요르단(풍력) 등으로 발전 설비 가동
	송배전사업	• 송배전망 건설, 컨설팅 등 기존 사업분야 외에도 자동화시스템, 원격검침시스템, 기술인력 양성사업 등 전력기술 수출 • 필리핀, 미얀마, 인도네시아, 리비아, 이집트, 파라과이, 우즈베키스탄 등의 시장 확보
	에너지신사업	• 스마트그리드, 마이크로그리드, 지리정보시스템, ESS 개발을 통한 해외 신에너지시장 선점 • 두바이, 캐나다, 나이지리아, 부탄, 도미니카공화국, 몽골, 에티오피아 등으로 확산
	그리드 사업	• **해외 전력망 투자 사업**: 2001년 '미얀마 전력망 진단 및 개발조사 사업(컨설팅)'으로 시작한 송변전분야 해외사업은 2021년 'UAE 해저송전망 사업'을 수주 • KEPCO의 우수한 기술력을 활용하고 현지 네트워크를 구축할 수 있는 컨설팅 사업을 통해 미얀마, 방글라데시, 에티오피아, 보츠와나, 타지키스탄 등에 진출하였으며, 컨설팅 사업을 통해 축적한 해외사업 수행역량을 바탕으로 EPC로 사업영역을 확대하여 카자흐스탄, 부탄 EPC (Engineering Procurement Construction)사업을 수행
에너지 신사업	**전기차충전사업**	• **전기차 충전 인프라 확충**: 충전사업을 희망하더라도 충전인프라 구축에 많은 비용 소요로 진출에 어려움을 겪는 소규모 충전사업자에게 한국전력이 자체 보유한 공용 충전인프라를 개방하여 충전사업 시장진출을 지원 • **EV충전시스템 Cloud 서비스**: 전기차 충전시장 확장을 위해 전기차 충전사업자를 대상으로 전기차 충전 운영시스템 클라우드 서비스를 개시 • **로밍(Roaming) 중개 서비스**: 한국전력은 국내 최초로 충전사업자 간 로밍(Roaming)을 중개해 주는 개방형 로밍플랫폼을 개발하고, 이를 기반으로 요금정산 솔루션 등을 제공하는 ChargeLink 서비스를 출시

에너지 신사업	태양광발전사업	• 학교 옥상, 공공부지 및 산업단지의 유휴부지를 활용한 태양광과 765kV 송전선로 주변 부지를 활용한 태양광 발전사업 시행 • 농업과 태양광 발전의 병행을 통해 국토를 활용하고, 농가소득 증대에 도움이 되는 'KEPCO 영농형 태양광 기술모델 개발' 추진
	스마트시티사업	• 스마트 그리드 확산기반 마련으로 온실가스 감축을 대비하기 위한 스마트 시티 기반 모델 확보
	그린수소사업	• 재생에너지를 연계한 MW급 그린수소 생산 프로젝트 등의 진환경 에너지 정책을 추진
연구 개발	녹색경영	• 배전분야로는 최초로 UN에 등록된 SF6가스 배출저감 CDM 사업(SF6 가스를 97% 회수)전개 • 해상풍력, 태양광, 바이오에너지 및 연료전지 부분에서의 핵심기술 확보를 위한 연구
	친환경 전력기술 개발	• 석탄가스화 기술과 가스터빈 복합발전 기술이 융합된 친환경 화력 발전 기술인 석탄가스화복합발전 기술을 개발
	전력계통 효율성 제고	• 전력계통의 경제성과 신뢰성을 높이기 위해 초전도 한류기, 케이블 등의 초전도 전력기기의 개발을 주요 연구 목표로 삼고 있다. • 154kV급 초전도 한류기, 케이블 기술 개발 시작, 제주 실계통에 설치 예정
	해상풍력 실증단지 건설	• 2020년 세계 3대 해상풍력 강국으로 도약하기 위하여 전남 영광 안마도 해상에 해상풍력 실증단지 건설
	Green & Smart 기술 개발	• IGCC(석탄가스화 복합화력), CCS(이산화탄소 포집 및 저장), 초전도, 해상풍력 등 녹색기술 개발 적극 추진

역량 분석

■ **사무직 직무수행내용**

- 전략, 예산관리, 조직·정원관리, 평가관리, 홍보, 감사, 법무 관련 업무: 에너지 신사업 예산 관리, 국내 사업에 대한 국민의 신뢰를 받기 위한 홍보 업무, 해외 사업에 대한 조직과 정원 관리

- 인력관리, 교육훈련 등 인사 관련 업무: 신사업에 대한 지식, 해외에 대한 지식과 문화를 알기 위한 내부 교육 실시

- 검침, 전기요금 조정, 수납, 미수금 관리 등 수금 관련 업무: 전력판매 및 수요관리

- 수요관리(수요분석, 수요개발) 및 전력거래 업무

- 해외사업개발 및 운영 관련 업무(발전, 원자력, 신재생, 자원 등): 해외사업 관리, 수주예산관리 등

■ **역량**

구분	내용	사업과 역량 연결
필요지식	• **(경영·경제)** 경영환경 분석, 경영평가 방법론, 경영계획 수립 관련 이론, 마케팅 및 HRD 관련 지식, 전력 산업 트렌드 및 신재생에너지 관련 기초 지식 • **(회계)** 기초 회계 원리, 계정관리에 관한 지식, 재산세·부가세·법인세·재무제표 등 세무 관련 기초 지식 • **(행정)** 문서 작성·관리·기안 규정에 관한 지식, 업무 규정에 관한 지식 • **(법률)** 규정의 해석에 필요한 법규 일반 지식, 채권관리 지식, 부동산 관련 법규, 소송 관련 법률	• 송·배전사업에 필요한 부동산 매각 지식 • 에너지 신사업에 필요한 예산 관리 및 작성 • 해외사업에 필요한 경영환경(해외 문화와 경제) 분석 • 스마트그리드 확산 및 홍보 등에서 필요한 지식
필요기술	• 개념적·분석적 사고능력, 기획력, 고객 니즈 파악 및 대응 기술, 유관 부서 간 의견 조정 스킬, 설득 및 협상 기술, 프로세스 관리 능력, 커뮤니케이션을 위한 문서화 능력, 보고서 등 문서작성 및 관리 기법, 문서작성·통계처리·인터넷 검색 등을 위한 컴퓨터 활용 능력, 피벗·기본함수 등 통계 프로그램 활용 능력, 법규 이해·활용능력, 비즈니스 영문 레터 작성 및 비즈니스 영어 회화 구사 능력	• 해외시장 분석 및 해외 이해관계자 소통 • 에너지신사업 이해관계자 소통 및 설득 • 전력품질 분석 보고서 작성 및 해외 자료 분석 등에서 필요한 기술

직무수행태도	• 세밀한 일 처리 태도, 고객의 요청에 적극적으로 대응하려는 노력, 효율적 시간 관리, 정보 수집·관리 노력, 업무 네트워크 형성 노력, 문제 해결 및 환경 변화에 적극적으로 대처하려는 태도, 개선 및 혁신을 추구하는 태도, 공동의 목표를 위해 적극적으로 협조하려는 태도, 약관·지침을 준수하려는 의지, 청렴하고 공정한 업무 처리 태도	• 수요관리를 위한 지침을 지키는 의지 • 공기 단축 및 사업과 관련된 시간 관리 등

 종혁쌤's 가이드

이 표는 한국전력공사 사무직의 직무수행내용 중 일부이다. 역량을 분석하기 전에 먼저 직무수행에 대한 내용부터 알 필요가 있다. 직무수행내용을 파악하면 위에서 분석한 사업과 관련된 내용을 정확하게 매칭시킬 수 있기 때문이다. 예를 들어 한국전력공사 사무직의 직무수행내용에 '검침, 전기요금 조정, 수납, 미수금 관리 등 수금 관련 업무'라는 것이 있다. 이는 위의 사업에서 이야기한 전력판매와 수요관리 부문에 들어간다. 이렇게 직무수행내용과 사업을 먼저 연결해주는 것이 필요하다.

🔍 사례로 확인하기 ② 한국철도공사(코레일)

사업 분석

코레일은 '국민의 안전과 생명을 지키는 것'을 공공철도의 사명으로 여기면서 여객사업, 광역철도사업, 종합물류사업, 자산개발사업, 해외사업 및 국제협력사업을 추진하고 있다. 이를 정리하면 다음과 같다.

사업	내용
여객사업	• 여객사업본부는 고속열차(KTX, KTX-산천)와 일반열차(ITX-새마을, 새마을호, 무궁화호, 누리로, 통근열차)를 통칭하는 간선여객열차 운행을 통해 운송서비스를 제공 • 주요 업무로는 간선여객 중장기 경영전략 및 주요 업무계획 수립, 간선여객 역 신설 등 건설계획, 수송계획 수립 및 수송실적 분석, 간선여객 영업 및 운임제도 수립, 여행상품개발, 역 운영 및 고객서비스 개선, 간선여객 열차운영계획 수립 및 승무원 운영 등
광역철도사업	• 광역철도 사업은 광역전철과 ITX-청춘 운행을 담당하며 광역권의 운행을 담당 • 광역·도시철도 사업의 최대 운영자인 한국철도공사 광역철도 본부의 운영노선은 총 15개 노선(경부, 경인, 경원, 장항, 일산, 과천, 안산선, 분당선, 경의·중앙선, 경춘선, 수인선, 경강선, 동해선, 서해선)을 운영
종합물류사업	• 물류본부는 컨테이너, 시멘트, 석탄, 철강 등 운송사업과 하역, 보관, 창고사업 등 종합물류 기업의 면모를 갖추고 있음 • 1회에 1000통 이상을 한꺼번에 대량 수송할 수 있으며, 도로와 같은 교통체증이 없고, 눈, 비, 바람 등 날씨에 영향을 전혀 받지 않는 수송으로 도약하고 있음 • 2005년에는 철도운송 위주였다가 2005년 한국철도공사 출범 이후 내륙운송, KTX 특송/택배제휴, 하역업, 대륙철도 진출, 보관창고업, 포워딩 사업으로 확장
자산개발사업	• 2005년 1월 출범 이후 운송사업 위주의 수익구조에서 탈피하여 부가가치가 높은 자산개발로 경영개선에 기여하고자 역사(민자·복합), 역세권, 철도연변부지 등을 개발하고 자산 임대를 추진 • 주요 임무로는 중장기 다원사업개발계획 수립, 사업개발 정책 기획·조정, 민자역사 및 복합역사의 개발, 전사 자산관리 및 운용, 부동산 및 역세권 개발사업의 계획 및 시행, 개발사업의 타당성 조사, 사업방식 선정, 설계 및 시공관리, 개발사업 자산의 임대·처분, 기타 철도자산을 활용한 개발사업, 사업개발본부 소관 안전관리업무 진행

해외사업 & 국제협력	• 운영/유지보수 담당기관이 해외의 모든 철도사업의 기획부터 참여
	• 철도산업에 대한 컨설팅 사업(중장기 국가 철도망 구축계획 수립-필리핀(TF), 철도건설, 개량사업 등에 대한 타당성 조사, 마케팅 전략 및 열차운행계획 수립 등)
	• 고속, 급행, 메트로, 관광열차 및 화물열차 등 모든 종류의 열차운영, 열차와 타 교통수단과의 연계 수송사업
	• 관광사업, 광고사업, 정기간행물 사업
	• 철도차량 사양 결정 및 제작 감리, 철도차량 정비 및 임대, 철도 장비와 철도용품의 제작·판매·정비 및 임대사업
	• 선로, 구조물, 전력, 신호 등 철도시설물 유지보수
	• 각 분야에 대한 교육훈련, 컨설팅, 기술이전 등을 지원

 종혁쌤's 가이드

우리나라는 2018년 국제철도협력기구(Organization for Cooperation of Railways, OSJD)에 가입함으로써 해외사업과 물류사업에 발전 가능성이 제기되었다. 또한 남북경협을 통해 남북·대륙철도 협력 사업을 추진하며 여객사업과 시설사업에도 박차를 가하고 있다. 한국철도공사는 대체로 기업을 분석하기 쉽게 홈페이지가 구성되어 있는데 홈페이지가 잘 되어 있을수록 구석구석 확인해야 하는 경우가 많다. 이때 정보를 확인하기 귀찮아하면서 '대충 보고 알 수 있지 않을까?'라는 생각이 들 수도 있다. 이럴 때를 조심해야 한다. 한국철도공사는 시장형 공기업이기 때문에 사업 분석을 철저하게 해야 한다.

역량 분석

■ 사무직 직무수행내용

• 철도공사의 경영 목표 달성을 위해 역에서 매표, 안내, 열차 조성의 업무를 수행하고, 다양한 열차 상품을 기획 및 판매하며, 향후 경영 및 영업 전략 기획, 자원을 효율적으로 활용하기 위한 방안 수립, 해외 사업 진출 등 원활한 조직 운영을 위한 업무 수행

■ 역량

구분	내용	사업과 역량 연결
필요지식	• **(경영기획)** 경영이념, 핵심가치체계 경영환경, 경영철학, 기업문화, 핵심성과지표, 해당 산업/동종업계/시장환경 동향 등 경영계획 수립에 필요한 개념 및 지식 • **(마케팅 전략기획)** 상품 수요 예측, 판매/매출/생산/시설투자 등 중장기 마케팅 전략 및 계획 수립, 디지털 경로별 특성, 사용 고객의 특성 이해, 경쟁사 벤치마킹, 전략적 제휴의 유형과 방법에 대한 이해, 평가방법론, 마케팅조사방법론 등 • **(고객관리)** 고객관계 관리 관련 지식, 소비자 분석 방법론, 자료 수집 방법 및 절차 지식, 고객요구분석 방법, 고객심리 관련 지식, 데이터 분류 분석법 • **(사무행정)** 문서작성/문서관리/문서기안 규정 및 지침에 대한 이해, 업무용 소프트웨어의 특성 및 기능 이해, 데이터 특성 및 분석 기법 관련 지식, 예산 및 회계 지식	• 간선여객 역 신설 시 시장환경 동향에 대한 지식 • 여행상품 개발 관련 마케팅 전략 관련 지식 • 간선여객 열차운영계획 수립에 대한 고객요구분석 방법에 대한 지식 • 광역철도운영에 대한 데이터 분류 분석법에 대한 지식 등
필요기술	• **(경영기획)** 경영환경 분석기법, 경쟁자 분류 기술, 고객 및 소비자 분류 기술, 핵심성공요소 도출 기법, 벤치마킹 기법 핵심가치 및 비전 도축 기법, 자산 및 역량 분석 기법, 사업 포트폴리오 분석 기법, 기획서 작성 기술 등 • **(마케팅 전략기획)** 시장 환경 분석 기술, 마케팅 전략 수립 기술, 마케팅 리서치 결과 분석 및 예측 기술, 사업타당성 분석 기술 등	• 간선여객 역 신설 시 경영환경 분석기법을 통한 이해관계자 설득 기술 • 여행상품 개발, 철도 역사 주변 개발과 관련한 시장 환경분석 기술능력

필요기술	• (고객관리) 전략 목표 수립을 위한 고객 분석 능력, 통계 프로그램 활용 능력, 고객 유형별 고객 가치 측정 능력, 고객 응대 기술 등 • (사무행정) 문서작성 및 관리 능력, DB 자료 수집, 관리 및 활용 능력, 업무용 소프트웨어 및 사무기기 활용 기술, 예산 및 회계프로그램, 재무비율 분석 기술, 정보검색 기술 등 • (외국인 고객응대 및 해외철도 교류·사업 관리) 역사 및 열차 내 외국인 고객 응대를 위한 외국어능력, 해외철도 교류 및 사업관리를 위한 외국어 능력 등	• 해외사업 증대를 위한 외국어 능력 기술 • 해외 광고와 관광사업을 위한 해외 문화 시장 분석에 관한 기술 • 매표, 안내를 위한 고객 응대 기술 등
직무수행태도	• 창의적 사고, 목표중심적 사고, 도전적이고 적극적인 태도, 종합적 사고, 원활한 의사소통 태도, 논리적/분석적/객관적 사고, 공정성 확보 노력, 고객 지향 태도, 업무 규정 및 일정 계획 준수, 요청 내용에 대한 경청 자세, 정확한 업무 처리 태도	• 고객 응대 시 고객 지향 태도와 업무 규정 준수 태도 등

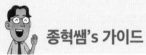 종혁쌤's 가이드

한국철도공사도 한국전력공사와 마찬가지로 사무영업을 중심으로 분석하였다. 한국철도공사의 직무수행내용은 간단하게 적혀있기 때문에 나름의 해석이 필요하다. 이를 해석해보면 사무영업 직무수행내용은 한국철도공사의 경영 목표와 핵심가치를 달성하기 위해 매표와 안내를 통해 고객 만족을 실현하고 열차 조성의 업무를 수행하여 편리한 철도를 만들어 나가며 다양한 열차 상품 기획 및 판매를 통해 고객에게 다양한 니즈를 제공하여 고객 만족을 최우선으로 하는 것임을 알 수 있다. 또한 역량에 따라 사업분야를 매칭시켜 보아야 한다.

🔍 사례로 확인하기 ③ 국민건강보험공단

사업 분석

국민건강보험공단은 사업 영역이 따로 분류되지 않았으며, 4대 사회보험료 징수, 건강보험료 부과, 기타 징수금 및 부당이득금 징수, 노인장기요양보험, 건강검진 시행 등의 일을 하고 있다. 국민건강보험법 제14조 1항에 따르면 국민건강보험공단은 다음과 같은 일을 한다.

- 국민건강보험 가입자 및 피부양자의 자격 관리
- 국민건강보험료와 그 밖의 징수금의 부과·징수
- 국민건강보험급여의 관리
- 국민건강보험 가입자 및 피부양자의 건강 유지와 증진을 위하여 필요한 예방사업
- 국민건강보험급여 비용의 지급
- 자산의 관리·운영 및 증식사업
- 의료시설의 운영
- 건강보험에 관한 교육훈련 및 홍보
- 국민건강보험에 관한 조사연구 및 국제협력
- 국민건강보험법에서 공단의 업무로 정하고 있는 사항: 국민건강보험사업은 보건복지부장관이 맡아서 주관

■ 국민건강보험 보장성 혜택

보장 혜택	내용
어린이 청소년 진료비 부담 축소	• 2017년 10월 1일부터 치아홈메우기 진료비의 본인부담률이 30~60%에서 10%로 축소 • 2017년 10월 1일부터 만 15세 이하의 입원진료비 본인부담률이 10~20%에서 5%로 축소
난임시술, 소득에 관계없이 건강보험 적용	• 2017년 10월 1일부터 난임시술(체외수정 및 인공수정에 포함된 필수 시술)이 건강보험으로 적용 • 난임부부(보조생식술이 필요하다는 진단을 받은 법적 혼인상태의 부부로, 여성 연령 만 44세 이하이며 급여횟수가 남아있는 경우)에게 보조생식술 시행 시 체외수정은 최대 7회(신선배아 4회, 동결배아 3회), 인공수정은 최대 3회까지 보장하며, 본인부담률 30%가 적용

치매 의료비 지원	• 2017년 10월 1일부터 중증치매 환자의 외래 및 입원진료비 본인부담률이 20~60%에서 10%로 낮춰짐
	• 2017년 10월 1일부터 치매가 의심되는 환자들의 심층평가 및 감별진단을 위해 시행되는 신경인지검사도 건강보험에 적용
	• 2018년 1월 1일부터 치매 의심환자(경도인지장애)에 대한 MRI에 건강보험 적용
틀니·임플란트 진료비 지원	• 2017년 11월 1일부터 입원·외래 구분 없이 만 65세 이상 틀니 본인부담률이 50%에서 30%로 낮춰짐
	• 2018년 7월 1일부터 입원·외래 구분 없이 만 65세 이상 임플란트 본인부담률이 50%에서 30%로 낮춰짐
만 65세 이상 외래 진료비용 개선	• 2018년 1월 1일부터 만 65세 이상 의원급 외래 진료 시, 본인부담이 개선(총액의 10~30%)
장애인 건강보험 지원 확대	• 2018년 7월 2일부터 다양한 이동용 휠체어에 대해 건강보험 적용
	• 욕창예방방석과 이동식 전동리프트의 급여 대상을 지체장애 또는 뇌병변장애로 확대
저소득층 건강보험 의료비 부담 축소	• 2018년 1월 1일부터 소득수준 하위 50%에 해당하는 경우 본인이 부담하는 건강보험 의료비 상한액을 연 소득의 약 10% 수준으로 인하여 연간 40~50만 원의 의료비 절감
가계 부담 능력 이상의 의료비, 재난적 의료비 지원 제도 확대	• 2018년 7월 1일부터 기준중위소득 100% 이하인 국민은 질환의 구분 없이(입원) 소득 대비 과도한 의료비가 발생한 경우 연간 2,000만 원까지 의료비 지원을 받을 수 있음
선택진료비(특진), 상급병실비 문제 해결	• 2018년 7월 1일부터 상급종합·종합병원의 2, 3인실에 대해 건강보험이 적용
	• 2018년 1월 1일부터 선택진료가 완전히 폐지됨
간호·간병 통합서비스 확대	• 보호자나 간병인 없이 전문 간호인력이 입원환자를 직접 돌보는 '간호·간병 통합서비스'를 제공하는 병상을 2022년까지 10만 병상으로 확대
MRI, 건강보험 혜택 증가	• 2018년 1월 1일부터 치매 의심환자에 대해 건강보험 적용
	• 2018년 10월 1일부터 뇌·뇌혈관·특수검사 MRI에 건강보험 적용

초음파, 건강보험 확대	• 2018년 4월 1일부터 상복부(간, 담도, 담낭, 비장, 췌장) 초음파에 대하여 건강보험 적용
	• 2018년~2021년까지 치료에 필요한 초음파의 건강보험 적용이 단계적으로 확대
치료에 필요한 비급여, 건강보험 적용	• 2018년 2월 1일부터 폐기종을 동반한 중증 만성폐쇄성폐질환 환자에 대한 [기관지경이용 폐엽측부환기검사]와 [기관지경이용 폐용적축소-일방향기관지 밸브삽입]이 본인부담률 50%로 적용
	• 2018년 4월 1일부터 횟수·개수·적응증 등 제한적으로 건강보험이 적용되던 36개에 대한 적용 확대
	• 2018년 6월 1일부터 폐암 환자 및 폐암 의심 환자에 대한 정밀면역검사가 건강보험 적용
	• 2018년 7월 1일부터 정신 및 행동장애, 수면장애 등에 대한 [인지행동치료]가 건강보험 적용
	• 2018년 7월 1일부터 수면 무호흡증 수면질환에 대한 [수면다원검사]가 건강보험 적용
	• 2018년 10월 1일부터 신생아 선천성 대사이상 및 난청 선별검사, 자궁 내 태아수혈 처치 등 신생아 질환 임신·출산 등의 20여개 비급여 항목이 건강보험 적용
	• 2018년 11월 1일부터 난청수술(인공와우), 결핵균 신속 검사 등 기준비급여에 대한 건강보험 적용 확대

 종혁쌤's 가이드

• 2017년 8월 '포용적 복지국가' 건설을 위해 건강보험 보장성이 대폭 강화되었다.
• 국민건강보험공단 홈페이지에 나와 있는 내용만으로는 현재 건강보험에 대한 내용을 모두 이해할 수가 없기 때문에 국민건강보험은 사업 분석이 어렵다. 특히 국민건강보험공단의 사업이 건강보험이라는 큰 틀에 있을뿐더러 세부적으로 이야기하지 않고 있다는 것도 기업을 분석하는 사람에게는 난제가 될 수 있다. 만약 홈페이지만으로 기업을 분석하기 어렵다면 이사장(혹은 사장)의 인터뷰를 참고하거나 보도자료, 제도에 대해 검색하는 등의 작업이 필요하다. 공공기관 기업 분석을 하다 보면 이런 홈페이지가 많이 나온다. 물론 국민건강보험공단의 홈페이지를 보면 사회보장제도에 대한 내용, 국민건강보험공단에 대한 이론적인 부분이 나온다. 이런 것들은 면접에서 반드시 사용할 수 있는 부분이기 때문에 필수적으로 숙지할 필요가 있다.

역량 분석

■ 사무직 직무수행내용

- **건강보험**: 건강보험급여정책을 수립/지원/운영하고, 보험가입자와 사업장을 관리하여 보험료를 징수하며, 보험급여업무(수가급여, 급여보장, 약가관리 및 협상 등)와 보험 급여를 기획/관리하는 업무

- **경영기획**: 공단의 비전 및 경영목표를 달성하기 위한 전략수립 및 효율적인 자원배분을 위한 경영진의 의사결정을 체계적으로 지원하는 업무

- **기업홍보**: 건강보험 사업에 대한 홍보전략 수립 및 보도자료 배포로 기관이미지를 관리 및 지원하는 업무

- **고객관리**: 건강보험 업무에 대한 고객관리로 내국인 및 외국인 고객에 대한 응대, 행정서비스 제공 및 고객 만족도를 관리하고 지원하는 업무

- **통계조사**: 건강보험 사업에 관한 통계조사 및 분석을 지원하는 업무

- **총무**: 공단조직 내의 유/무형 자원이 효율적으로 운영되기 위한 자산 관리 및 업무, 지원과 관련된 제반 업무

- **인사**: 공단직무 및 조직관리를 위한 업무지원과 관련된 제반 업무

- **사무행정**: 조직 구성원들이 본연의 업무를 원활하게 수행할 수 있도록 문서 관리 및 작성, 데이터 관리, 사무자동화 관리운용 등 조직 내·외부에서 요청하거나 필요한 업무를 지원하고 관리하는 업무

- **회계/감사**: 건강보험 사업수행 시 필요한 회계감사 및 자금(전표)관리 지원에 관한 업무

- **예산**: 건강보험 사업수행을 위한 예산계획 수립 및 지원에 관한 업무

■ 역량

구분	내용	사업과 역량 연결
필요지식	• **(건강보험)** 건강보험 제도에 대한 지식, 민법, 소득세법 등 유관 법령 관련 지식, 보건 행정, 의약학적 지식 (의학 전문 용어(영어)) 등 • **(경영기획)** 핵심성공요소, 기업 경영자원, 산업동향, 예산·재무·관리회계, 기업가치 평가 지표, 경영전략, 사업성 분석, 기업 경영지원 등 경영계획 수립에 필요한 개념 및 지식 등 • **(기업홍보)** 건강보험 사업에 대한 이해 및 언론보도 관련 규정에 관한 지식 등	• 국민건강보험급여의 관리를 위한 데이터 특성 분석 지식 • 자산의 관리·운영 및 증식사업을 위한 외부환경분석 및 재무관리 지식

필요지식	• **(고객관리)** 고객요구 분석방법, 비정형데이터 활용 관련 지식, 고객심리 관련 지식, 개인 정보 보호 관련 지식, 자료수집 방법 및 절차 지식, 자료 분류 분석법 등 • **(총무)** 환경 분석 방법, 벤치마킹방법, 재무관리 기초, 사내하도급법, 개인정보보호, 정보 통신, 지적재산권에 관한 법률, 행사 기획, 운영, 평가 방법, 위기 상황 대응매뉴얼 등 • **(통계조사)** 건강보험 사업분석을 위한 통계 개념 및 기초 프로그램 사용 지식 등 • **(인사)** 인사조직에 대한 개념 및 조직운영, 교육, 복리후생 등에 규정에 관한 지식 등 • **(사무행정)** 문서작성/문서관리/문서기안 규정 및 지침에 대한 이해, 문서양식과 유형에 대한 지식, 업무용 소프트웨어의 특성 및 기능 이해, 데이터 특성 및 분석 기법 관련 지식, 공지문서 종류와 기준에 대한 지식 등 • **(회계/감사)** 외부감사 및 회계 등에 관한 규정, 계정과목 지식, 자금 및 전표 관리 지식 등 • **(예산)** 건강보험 사업에 대한 이해도 및 예산 관련 규정에 대한 지식 등	• 국민건강보험 가입자 및 피부양자의 자격관리에 관한 건강보험 제도에 관한 지식 • 국민건강보험에 관한 조사연구 및 국제 협력에 관한 법령, 보건행정, 의학 전문 용어에 관한 지식 • 국민건강보험급여 비용의 지급을 위한 소득세법에 관련한 지식 • 건강보험 보장이 확대됨에 따른 건강보험 사업에 대한 이해도 및 예산 관련 규정에 대한 지식 등
필요기술	• **(건강보험)** 건강보험 업무이해 능력, 건강보험 관련 법 및 규정 등 이해 능력, 보건행정 관리능력, 병원행정 관리능력, 의료정보관리 능력, 민원대응 능력(외국인 포함), 사업관리 (국제협력 등) 수행 능력, 문서작성기술, 통계분석기술, 컴퓨터 활용 기술 등 • **(경영기획)** 경영환경 분석기법, 사업별 자원배분 기법, 핵심가치·자산·역량에 대한 분석 기법, 예산관리 적용·산출 기법, 손익분기점(BEP) 분석기술, 사회조사방법론, 기획서·보고서 작성기술 등 • **(기업홍보)** 언론 및 온라인 모니터링 기술, 언론 보도자료 작성 및 홍보기술 등	• 국민건강보험 징수 처리에 관한 고객 응대 기술 및 고객 분석 능력 기술 • 국민건강보험조사 연구를 위한 정보수집기술 및 통계 분석기술 등 • 자산의 관리 및 증식을 위한 경영환경분석 기법 및 사업별 자원배분 기법과 관련한 기술

필요기술	• **(고객관리)** 자료 구축 및 활용 기술, 통계 분석 기술, 고객 응대 기술, 고객관리시스템 활용 기술, 고객 분석 능력 등 • **(총무)** 정보 수집 기술, 컴퓨터 활용기술, 보안장비 운용기술, 재고 관리 능력, 문서 분류 및 작성 기법 등 • **(통계조사)** 통계분석 설계 기술, 통계표본 추출 기술, 통계분석 기술 등 • **(인사)** 인적자원관리 기술, 교육훈련 기술, 복리후생 기술 등 • **(사무행정)** 문서작성 및 편집 기술, DB 자료 수집, 관리 및 활용 기술, 업무용 소프트웨어 및 사무기기 활용 기술, 전자정보시스템 활용 기술 등 • **(회계/감사)** 손익산정능력, 계정과목 분류 능력, 계산 관련 프로그램 활용 능력, 재무제표 작성 및 검증 능력, 자산 및 부채에 대한 평가 능력 등 • **(예산)** 사업계획 수립능력, 예산 관련 항목 분류 능력, 계산 관련 프로그램 활용 능력 등	• 건강증진을 위한 예방 사업에 대한 언론 보도자료 홍보기술 • 건강 보장이 확대됨에 따라 필요한 온라인 모니터링 능력 • 건강 보장성이 확대됨에 따른 사업계획 수립능력과 예산 관련 항목 분류능력 등
직무수행태도	• 업무규정 및 일정계획 준수, 원활한 의사소통 태도, 적극적인 정보 수집 자세, 논리적/분석적/객관적 사고, 고객서비스 지향, 정보보안 중시, 적극적인 협업 태도, 윤리의식, 보안의식, 안전의식 등	• 국민건강보험 발전에 대한 논리적/분석적/객관적 사고와 고객 서비스 지향적인 태도

 종혁쌤's 가이드

국민건강보험공단도 사무직을 기준으로 분석하였는데, 다른 공공기관보다는 직무수행내용이 자세히 적혀 있다. 기관의 주요 업무는 '국민의 건강증진을 위한 건강보험 및 노인 장기요양 보험에 대한 자격관리, 보험료 부과·징수, 보험급여 관리, 건강검진사업, 의료시설 운영 등 제반 업무'이다.

3. 가치체계 분석

공공기관의 가치체계는 홈페이지에 들어가면 그림으로 되어 있는 것을 볼 수 있다. 대부분 이 그림을 보면서 읽는다는 생각을 하지 않는다. 그림으로 되어 있기 때문에 그냥 보면서 참고할 뿐이다. 그러나 '가치체계'는 반드시 필요하기 때문에 힘들여서 그림으로 정리한 것이다. 역으로 생각해보면 이런 논리가 나올 수 있다.

모든 문서는 한 장 혹은 한 번에 볼 수 있는 것이 좋다. 이렇게 한 장 혹은 한 번에 볼 수 있는 문서를 만들기 위해서는 서술형으로 되어 있는 여러 가지 문서들이 필요하다. 결국 가치체계를 보고 직접 서술해보면서 지원하는 공공기관의 목표를 정확하게 파악해야 입사 후 로드맵을 자세하게 짤 수 있다. 가치체계를 서술할 때는 밑에서부터 위로 올라오면서 서술해야 좀 더 정확한 서술을 할 수 있게 된다.

수업을 하면서 가치체계를 정리하라고 하면 홈페이지에 있는 그림을 그냥 보고만 있는 경우가 허다하다. 아무리 그렇게 본다고 하더라도 본인에게 숙지되거나 응용할 수 있는 부분은 절대 보이지 않는다. 그러므로 반드시 서술형으로 정리하는 것이 중요하다. 이렇게 정리하라고 하면 '어차피 홈페이지를 보고 외우면 되는 것 아닌가?', '비효율적이다.'라는 생각을 할 수도 있다. 하지만 우리는 홈페이지에 있는 내용을 보고 외워서 시험을 치는 것이 아니라 응용을 하는 것이다. 다시 말하면, 홈페이지를 보고 사고력을 넓히고 응용할 수 있는 힘을 가지는 것이다. 그러므로 노트를 지금 당장 꺼내 홈페이지를 분석해보는 것은 어떨까?

🔍 사례로 확인하기 ① 한국전력공사

가치체계

■ 미션

- 미래 에너지산업을 이끌 글로벌 기업으로 도약하겠습니다.
- 전력수급 안정으로 국민경제 발전에 이바지: KEPCO는 고품질 전력의 안정적인 공급과 차별화된 고객서비스 제공 및 글로벌 경쟁력 강화를 위해 노력하며, 끊임없는 도전과 혁신으로 미래 에너지산업을 이끌 글로벌 기업으로 도약합니다.

■ 비전

- KEPCO – A Smart Energy Creator
- 사람 중심의 깨끗하고 따뜻한 에너지

가치체계 분석

한국전력공사는 사람 중심의 깨끗하고 따뜻한 에너지를 만들기 위해 다음의 두 가지를 실현하려고 한다. 첫째, 'Smart Energy'의 실현이다. 한국전력공사는 이를 통해 고객에게는 편리하고 효율적인 에너지를 제공하고, 사회를 위한 더 나은 환경을 만드는 한편, 기업에게는 한국전력공사와의 협력을 통한 새로운 비즈니스 기회를 제공하여 새로운 수익과 일자리를 창출할 것이다. 둘째, Creator로써의 역할을 할 것이다. 한국전력공사는 기존의 전력공급 서비스에서 한 차원 더 나아가, 새로운 서비스와 에너지 플랫폼을 통해 고객의 삶의 질을 높이는 기업, '1등'을 넘어 '에너지의 미래'를 이끄는 기업으로 도약하려고 한다. 이를 발전시키고 미래 에너지 산업을 이끌어 나가기 위해 전력수급의 안정으로 미래 글로벌 기업으로 도약하고자 한다.

🔍 사례로 확인하기 ② 한국철도공사(코레일)

가치체계

■ 미션

- 사람·세상·미래를 잇는 대한민국 철도: 안전하고 편리한 철도 서비스 제공으로 국민행복 증진과 사회적 책임을 강화하고 남북 대륙철도 연결과 미래 성장동력을 확보하여 철도중심의 생활문화 조성

■ 비전

- 대한민국의 내일, 국민의 코레일: 우리가 추구하는 사람과 세상인, "대한민국", 남북으로 뻗어가는 통일철도와 미래 발전방향인 "내일", 공기업으로서 코레일이 추구하는 사회적 가치 지향점인 "국민", 대한민국의 철도를 이끌어나가는 대표기관, "코레일"

■ 핵심가치

- **안전**: 안전은 국민을 위한 최고의 서비스이자 핵심가치로서, 첨단 기술력을 기반으로 국민이 안심하는 안전한 철도 구현
- **고객**: 고객의 마음으로 고객이 만족하는 그 이상의 가치를 제공하여 가치 중심의 고객서비스 실현
- **소통**: 소통과 공감의 상생적 노사관계를 정착시켜 함께 성장할 수 있는 기업문화 혁신

■ 경영방침

- 안전한 철도, 편리한 철도, 국민의 철도, 미래의 철도

■ 전략목표

글로벌 최고 수준의 철도 안전	고객가치 기반의 재무개선	기업가치 제고로 미래성장	소통과 공감의 신뢰경영

■ 전략과제

최적의 철도안전·방역체계 정립	고품질 철도서비스 확대	미래 핵심기술 내재화	디지털 기반의 열린경영 실현
철도 안전운행 인프라 구축	내부자원 생산성 향상	남북철도 및 지속성장사업 확대	상호존중의 조직문화 구축

가치체계 분석

최적의 철도안전관리와 방역체계 정립, 사람중심의 철도 안전운행 인프라 구축을 통해 글로벌 최고 수준의 철도 안전의 전략을 구축한다. 한국철도공사는 고품질 철도 서비스를 강화하고 내부자원 생산성 향상을 통한 고객가치 기반의 재무개선을 이룬다. 이런 글로벌 최고수준의 철도안전과 고객가치 기반의 재무개선을 통해 안전한 철도, 편리한 철도를 만들어 국민의 안전을 지키고, 코레일 안전역량을 만든다. 또한 미래 핵심기술 내재화와 다원사업 포트폴리오 확대, 남북·해외 철도 사업 기반 구축을 통해 한국철도공사의 미래 성장 동력을 만든다. 이는 고객 만족과 직원의 행복으로 이어져 핵심가치를 만들어 나갈 수 있다. 한국철도공사는 디지털 기반의 열린 경영을 실현하고 상호 존중의 조직문화를 구축하여 기업문화를 혁신하여 미래의 철도를 만드는 데 기여하고 이는 국민과의 소통과 공감의 신뢰경영으로 이어져 소통의 핵심가치를 실현할 수 있다. 이를 모두 실현시켜 남북으로 뻗어가는 통일철도와 미래 발전방안을 마련하고 사회적 가치 지향점을 만들어 내어 한국철도공사의 비전인 "대한민국의 내일, 국민의 코레일"을 실현한다. 더 나아가 사람·세상·미래를 잇는 대한민국 철도를 만드는 것을 목표로 삼는다.

🔎 사례로 확인하기 ③ 국민건강보험공단

가치체계

■ 미션

• 국민보건 향상과 사회보장 증진으로 국민의 삶의 질 향상

■ 비전

• 평생건강, 국민행복, 글로벌 건강보장 리더

■ 핵심가치

희망과 행복	소통과 화합	변화와 도전	창의와 전문성	청렴과 윤리

■ 경영방침

국민에게 봉사하고 사랑받는 건강보험	건강보험 하나로 삶의 질 향상에 기여	신뢰와 존중으로 함께 성장하는 파트너	우수성과 전문성을 갖춘 자율과 창의의 조직

■ 전략목표

건강보험 하나로 의료비를 해결하는 건강보장체계	생명·안전 가치기반의 건강수명 향상을 위한 맞춤형 건강관리	노후 삶의 질 향상을 위한 품격 높은 장기요양보험	보험자 역량 강화로 글로벌 표준이 되는 K-건강보험	국민신뢰와 투명성 제고로 지속가능한 청렴 공단

가치체계 분석

국민건강보험은 '지속가능하고 의료비 걱정 없는 건강보험'이라는 목표를 통해 안정적 재원을 만들고 보장성강화 정책지원을 한다. 또한 합리적 진료비 관리체계 수립과 더불어, 효율적 재정관리체계를 구축한다. '건강수명 향상을 위한 전 국민 맞춤형 건강관리'라는 전략목표를 실현시키기 위해 건강증진 연계협력(의료계) 강화, 만성질환 예방체계 강화, 건강검진 체계를 고도화, ICT기반 건강정보활용 체계를 정립(건강질병 빅데이터 관리)한다. '노후 삶의 질 향상을 위한 품격 높은 장기요양보험'을 만드는 것을 목표로 하기 위해 장기요양보험 보장성 확대, 수요자 중심의 서비스질 향상, 서비스 제공기반 선진화, 안정적 장기요양 재정관리를 통해 노후의 삶의 질을 높인다. 또한 '보험자 기능 정립으로 글로벌 표준이 되는 제도'를 만드는 것을 목표로 한다. 이를 위해 보험자 기능 및 거버넌스 재정립, 新 보건의료생태계 창출 기반 조성, 국제협력, 통일 등 미래대비, 빅 데이터 활용 지식기반 구축을 통해 글로벌 표준이 되는 건강보험제도를 만드는 것을 목표로 한다. 그리고 '자율과 혁신으로 생동감과 자긍심 넘치는 공단'을 만드는 것을 목표로 한다. 그러기 위해 경영관리체계를 선진화하고 국민 신뢰의 선도적 책임 강화, 정보보호 및 IT 시스템 선진화, 창의와 소통의 조직문화 구축을 통해 국민건강보험공단의 선진화된 조직을 만들어 간다. 이상과 같은 전략목표를 달성하여 국민에게 봉사하고 사랑받을 수 있는 건강보험이 되어야 한다. 또한 건강보험으로 건강 수명 향상과 노후 삶의 질 향상에 기여한다. 보험자 기능 정립을 통해 신뢰와 존중으로 함께 성장하는 파트너가 되고, 우수성과 전문성을 갖춘 자율과 창의의 조직을 만든다. 이 조직을 바탕으로 5가지의 핵심가치를 실현시키고 '평생건강, 국민행복, 글로벌 건강보장 리더'의 역할을 통해 국민보건 향상과 사회보장 증진으로 국민의 삶의 질 향상에 기여하는 공단으로 자리매김한다.

4. 인재상 분석

앞선 첫 번째부터 세 번째 분석은 홈페이지 약 70%, 자신의 생각과 역량을 매칭하는 부분이 약 30% 정도를 차지하였다. 하지만 네 번째, 인재상에 대한 분석은 전혀 다르다. 이 책에 수록된 한국전력공사와 한국철도공사, 국민건강보험공단의 인재상은 비교적 자세하게 제시된 편이지만 많은 공공기관의 인재상은 매우 추상적으로 작성되어 있다. 취업과 관련된 커뮤니티를 확인하면 분명 인재상에 맞게 자소서를 쓰고 면접을 준비해야 한다고 하지만 정확하게 어떻게 응용해야 하는지 알기 어렵다. 일례로 '도전형 인재'라고 하지만 어떤 것이 이 기업에 맞는 '도전'인지를 모르는 것이다. 그래서 네 번째 분석 이전에 첫 번째부터 세 번째 분석이 반드시 선행되어야 한다. 사업과 핵심가치 그리고 자신의 역량을 연결시켜 보아야 인재상이 왜 필요한지 이야기할 수 있기 때문이다.

인재상을 분석할 때 본인의 경험이나 역량을 연결하면 자소서나 면접을 대비하는 데 굉장히 도움이 된다. 하지만 먼저 왜 이 인재가 필요한지를 이야기하는 것이 중요하다. 이때에는 사업 분석 내용을 참고하여 어떻게 해야 해당 사업을 잘할 수 있을지, 어떤 사람이 이 사업에 필요한 사람일지를 생각하면서 해석하면 된다. 가령 한국전력공사의 인재상인 '도전형 인재'는 '뜨거운 열정과 창의적 사고를 바탕으로 실패와 좌절을 두려워하지 않고 지속적으로 새로운 도전과 모험을 감행하는 역동적 인재'를 말한다. 한국전력공사에서 이런 인재가 필요한 이유는 '4차 산업혁명 시대에 신재생에너지 발전과 스마트시티를 성공시키기 위해 실패를 두려워하지 않아야 하며, 새로운 신시장을 개척하기 위해서 새로운 시장을 모색하는 능력을 갖춘 인재가 필요하다.'라고 해석이 가능하다.

이 작업은 매우 지루하고 하기 싫은 작업 중 하나이다. 정답이 있는 것도 아니고 특정 예시가 있는 것도 아니기 때문에 답답할 수 있다. 하지만 인재상을 분석할 때는 자신이 정답을 만들어간다는 생각을 해야 한다. 공공기관이 인재상을 추상적으로 제시하는 이유도 여기에 있다. 인재상을 구체적으로 정해놓게 되면 인재가 획일화될 수밖에 없다. 회사는 다양한 사람들이 모여 다양한 능력을 통해 하나의 목표를 실현하는 집단이라고 할 수 있다. 그렇기 때문에 인재상을 분석할 때는 본인만의 해석을 믿고 사업 분석 내용과 인재를 매칭하여 서술하는 연습이 필요하다.

🔍 사례로 확인하기 ① 한국전력공사

인재상

■ **인재상**

무한 경쟁 글로벌 시장에서 패기와 열정으로 창의적이고 혁신적인 미래가치를 실행할 수 있는 인재상

■ **인재상 종류**

인재상	내용
기업가형 인재 (Entrepreneur)	회사에 대한 무한 책임과 주인의식을 가지고 개인의 이익보다는 회사를 먼저 생각하는 인재
통섭형 인재 (Generalist)	융합적 사고를 바탕으로 Multi-specialist를 넘어 오케스트라 지휘자 같이 조직 역량의 시너지를 극대화 하는 인재
도전형 인재 (Passionate Challenger)	뜨거운 열정과 창의적 사고를 바탕으로 실패와 좌절을 두려워하지 않고 지속적으로 새로운 도전과 모험을 감행하는 역동적 인재
가치 창조형 인재 (Value Creator)	현재 가치에 안주하지 않고 글로벌 마인드에 기반한 날카로운 통찰력과 혁신적인 아이디어로 새로운 미래가치를 충족해 내는 인재

인재상 분석

인재상	분석
기업가형 인재 (Entrepreneur)	공공기관은 공익을 우선해야 한다. 에너지·발전은 사회발전을 위해 존재하기 때문에 공동체 의식을 가진 인재가 필요하다. 윤리의식 역시 가지고 있어야 한다.
통섭형 인재 (Generalist)	한국전력공사가 추진하고 있는 스마트시티사업(빛가람 에너지밸리 사업)은 모든 사업이 연결되어 있다. 그러므로 자신의 역량을 한 가지만 알고 있는 것이 아니라 다른 사업까지도 이해할 수 있는 인재가 필요하다.
도전형 인재 (Passionate Challenger)	4차 산업혁명 시대에 신재생에너지 발전과 스마트시티를 성공시키기 위해 실패를 두려워하지 않아야 하며, 새로운 신시장을 개척하기 위해서 새로운 시장을 모색하는 능력을 갖춘 인재가 필요하다.
가치 창조형 인재 (Value Creator)	해외전력 사업을 통해 한국전력공사는 수익을 내고 있다. 그러므로 해외 시장 개척은 매우 중요하다. 신시장을 바라볼 수 있는 분석능력과 상상력을 실현할 수 있는 인재가 필요하다.

🔍 사례로 확인하기 ② 한국철도공사(코레일)

인재상

■ 인재상

저탄소·친환경 철도와 대륙철도 시대를 선도할 철도인

■ 인재상 종류

인재상	내용
사람지향 소통인	사람중심의 사고와 행동을 하는 인성, 열린 마인드로 주변과 소통하고 협력하는 인재
고객지향 전문인	고객만족을 위해 지속적으로 학습하고 노력하는 인재
미래지향 혁신인	한국철도의 글로벌 경쟁력을 높이고 미래의 발전을 끊임없이 추구하는 인재

인재상 분석

인재상	분석
사람지향 소통인	철도산업을 리드하기 위해 새로운 관광개발, 지역과의 연계가 필요하다. 간선 여객, 자산관리 사업을 위해서라도 새롭게 지역을 바라보는 눈을 가진 인재가 필요하다.
고객지향 전문인	해외사업과 국제교류 사업을 위해 글로벌인이 필요하다. 한국은 2018년 국제철도협력기구(Organization for Cooperation of Railways, OSJD)에 정회원이 되었으므로 해외진출에 용이해졌다. 외국인 투자유치와 외국인 고객응대를 위해 글로벌 매너를 가지고 있고 외국어에 능통한 인재가 필요하다.
미래지향 혁신인	코레일은 안전을 가장 중요하게 생각한다. 그러므로 안전에 대한 지식과 선로시설, 토목시설, 건축시설, 전기시설, 전철/전력 시설, 정보통신, 신호제어에 대한 시설유지보수와 관련된 지식을 가진 인재가 필요하다.

🔍 사례로 확인하기 ③ 국민건강보험공단

인재상

■ **인재상**

국민의 평생건강을 지키는 건강보장 전문인재

■ **인재상 종류**

인재상	내용
국민을 위하는 인재 (Nation-oriented)	• 국민의 희망과 행복을 위해 봉사, 책임을 다하는 행복 전도사 • 공공기관의 가치를 이해하고 국민과 소통하는 커뮤니케이터
정직으로 신뢰받는 인재 (Honest)	• 공직자 사명감을 바탕으로 매사 정직하게 업무를 처리하는 공단인 • 높은 청렴도와 윤리의식을 겸비하여 국민으로부터 신뢰받는 공직자
혁신을 추구하는 인재 (Innovative)	• 더 나은 가치를 창출하기 위해 열정을 쏟는 도전가 • 열린 마음과 유연한 사고를 바탕으로 조직 혁신을 위한 선도자
전문성 있는 인재 (Specialized)	• 우수성, 전문성을 갖추기 위해 평생학습하고 성장하는 주도자 • 새로운 시각을 기반으로 창의적 정책을 제시하는 탐색자

인재상 분석

인재상	분석
국민을 위하는 인재 (Nation-oriented)	공단인은 국민과의 약속이 가장 중요하다. 민원업무처리와 내·외부 이해관계자와 소통과 화합을 위해서는 맡은 업무에 대해서는 누구에게 미루지 않고 책임을 다하는 인재가 필요하다.
정직으로 신뢰받는 인재 (Honest)	공단은 내·외부 이해관계자와의 소통이 가장 중요하다. 이를 실현하기 위해서는 내·외부관계자들과의 신뢰가 중요하기 때문에 의료기관, 국민들에게 신뢰를 줄 수 있는 윤리의식을 가진 인재가 필요하다.
혁신을 추구하는 인재 (Innovative)	공단의 사업인 건강보험은 끊임없이 변화해야 한다. 기존의 제도와 틀을 벗어나 대한민국의 복지를 실현시키는 주체로서의 책임감과 일에 대한 열정 그리고 몰입할 수 있는 능력을 가진 인재가 필요하다.
전문성 있는 인재 (Specialized)	복지는 한 국가의 사회변화 국민들의 인식에 따라 그 제도는 달라진다. 그러므로 다른 나라의 보장보험제도에 대한 분석적인 태도를 가지고, 현재 공단의 건강보험을 발전시킬 수 있는 인재가 필요하다.

인재상 분석은 쉽게 보일 수 있으나 가장 까다로운 부분이다. 공공기관의 사업과 역량, 가치체계 등을 분석하지 않고 인재상을 분석한다면 분명 실패할 것이다. 그러므로 인재상 분석은 가장 마지막에 하길 바란다.

이 파트에서는 공공기관의 분석 방법에 대해 이야기를 해 보았다. 공공기관을 준비하는 것은 매우 어려운 일이다. 10년 이상을 공공기관 취업 강의를 하면서 느낀 결과이다. 공공기관을 준비하는 사람은 공공기관이 블라인드 채용을 하니 도전을 해봐야겠다고 시작하거나, 안정적이니까 준비를 해봐야겠다고 시작하는 사람들이 대다수이다. 이것이 함정이다. 공공기관을 준비하기 시작하면 막상 어디부터 어떻게 준비를 해야 하는지 모르는 경우가 발생한다. 그때 이 파트가 필요할 것이다. 공공기관이 단순하게 NCS 직업기초능력만 준비해서 들어가는 것이 아니라는 것을 준비하는 과정에서 깨닫게 된다. 그때부터 방황을 한다. 무엇부터 어떻게 준비해야 할지 모르는 것이다. 기술직 사람들은 그나마 조금 낫다고 볼 수 있다. 기술직은 자신의 전공과 관련된 기업인 에너지 발전 공기업이나 SOC 공기업으로 목표를 쉽게 정할 수 있기 때문이다. 하지만 목표만 정한다고 끝나는 것이 아니다. 자기소개서를 준비하면서, NCS 직업기초능력을 준비하면서, 그리고 면접을 준비하면서 기업에 대한 분석은 필수이고, 공공기관이 가져야 하는 마인드와 지식을 갖추는 것 역시 필수가 되었다. 그러므로 필수적으로 기업분석을 하고 난 뒤 공공기관의 기본사항을 알게 된다면 충분히 제대로 된 기업역량을 이야기할 수 있을 것이다. 인재상을 해석하기 어렵다면 아래의 한국전력공사 예시와 같이 인재상과 사업을 연결하는 것이 좋다.

인재상	내용	관련 사업
기업가형 인재 (Entrepreneur)	회사에 대한 무한 책임과 주인의식을 가지고 개인의 이익보다는 회사를 먼저 생각하는 인재	• 전력판매: 6개의 발전회사와 민간발전회사, 구역전기사업자가 생산한 전력을 전력거래소에서 구입하여 일반 고객에게 판매
통섭형 인재 (Generalist)	융합적 사고를 바탕으로 Multi-specialist를 넘어 오케스트라 지휘자 같이 조직 역량의 시너지를 극대화하는 인재	• 한국전력이 추진하고 있는 스마트시티사업 • 에너지 신사업: 스마트그리드, 마이크로그리드, 지리정보시스템, ESS 개발을 통한 해외 신에너지 시장 선점
도전적 인재 (Passionate Challenger)	뜨거운 열정과 창의적 사고를 바탕으로 실패와 좌절을 두려워하지 않고 지속적으로 새로운 도전과 모험을 감행하는 역동적 인재	• 녹색경영: 배전분야로는 최초로 UN에 등록된 SF6 가스 배출저감 CDM 사업(SF6 가스를 97% 회수)전개 • 전력계통 효율성 제고: 154kV급 초전도 한류기, 케이블 기술개발 시작, 제주 실계통에 설치할 예정
가치 창조형 인재 (Value Creator)	현재 가치에 안주하지 않고 글로벌 마인드에 기반한 날카로운 통찰력과 혁신적인 아이디어로 새로운 미래가치를 충족해 내는 인재	• Green&Smart기술개발: IGCC(석탄가스화 복합화력), CCS(이산화탄소 포집 및 저장), 초전도, 해상풍력 등 녹색기술 개발 적극 추진

⟨3⟩ 기업 분석 자료와 자소서 항목 연결하기

1. 회사 사업과의 연결

회사 사업과 관련된 지식을 요구하는 항목은 자소서가 NCS 기반으로 변하면서 공공기관마다 많이 묻는 항목이다. 특히 지원동기를 쓸 때도 회사 사업과 관련된 지식을 요구하는 경우가 많다. 한국공항공사, 국민연금공단 등의 기업에는 마치 논술과도 비슷한 항목을 묻는 경우가 있다. 이런 항목을 잘 쓰기 위해서 자신이 지원하는 공공기관의 사업이나 사업군에 관한 것을 알고 있어야 한다. 다음 자소서를 보면서 왜 회사 사업과 관련된 지식이 필요한지를 알아보자.

> **향후 10년간의 금융환경 변화 중 SGI서울보증에 영향을 끼칠 변화는 무엇이라 생각하는지 전망하여 보시고, 이에 따른 회사의 필요전략과 본인의 역할에 대하여 기술해 주시기 바랍니다.**
>
> 현재 한국은 저성장, 저금리의 시대입니다. 앞으로도 경제성장을 기대한다기보다는 저금리와 저성장의 시대가 열릴 것입니다. 이 시대를 살아가기 위해서 대부분의 금융들은 저금리에 대비한 현금자산확보와 신용도 회복을 중심에 둘 것입니다. 이런 상황에서 SGI서울보증에 가장 영향을 미칠 변화는 채권, 주식, 경제성장이 아닌 기업의 현금자산보유량이 늘어날 것이라는 점입니다. 그렇게 되면 개인자산 보유률은 점점 줄어들 것입니다. 부동산 가격이 점점 하락하고 있는 이때, 개인의 금융 자산 보유률이 늘어나야 합니다. 현재 선진국의 개인자산 보유비율 중 금융자산이 미국은 70%, 일본은 60%를 차지하고 있지만, 한국은 25%를 차지하고 있습니다. 그러므로 SGI서울보증은 익숙하지 않은 저성장 기조에서 개인이나 중소기업의 금융자산 확보를 위한 노력이 필요하다고 생각합니다. 특히 금융산업은 개인이 접근하기 어려운 산업입니다. 또한 중소기업 역시 자신의 신용도와 채권발행 등에 많은 부담을 안고 있습니다. 그러므로 SGI서울보증은 개인이 금융산업의 접근성을 높이는 전략이 필요합니다. 전·월세 지원보증을 넘어 전·월세에 대한 증권화와 개인 채권 발행 보증에까지 다양한 상품전략과 홍보가 필요하다고 생각합니다. 저는 [금융기관론] 등의 학교 과목을 통해 금융시장별 금융기관 및 시장현황 조사, 그리고 금융 시장별 주요 특징 및 이슈를 공부하면서 다양한 상품을 배웠습니다. SGI서울보증에서 현금 자산 보유를 늘릴 수 있는 상품을 개발하기 위해 제가 배운 다양한 상품을 적용하고, 새로운 상품을 만들어 서민 경제활동에 도움을 주고 싶습니다.

위의 자소서는 SGI서울보증 합격자소서이다. 일단 이 항목 자체가 금융환경 변화가 회사에 미칠 영향이므로 금융환경 변화에 대해 알고 있어야 한다. 그러므로 금융환경 변화에 대한 것을 공부해야 쓸 수 있는 자소서 항목인 것이다. 이렇게 이야기하면 많은 부분을 이해하고 공부해야 한다는 걱정 때문에 좌절할 수 있다. 필자가 공공기관 설명회나 공공기관에 관련된 강의를 할 때마다 자소서를 작성하기 전에 공공기관을 정하고 시작하는 것이 중요하다고 강조하는 이유가 여기에 있다. 공공기관을 크게 에너지 발전, 금융권, 사회·복지 공공기관으로 나누고 각 공공기관의 특징들을 정확하게 알고 시작해야 지식을 요구하는 자소서 항목에 대비할 수 있다.

그렇다면 어떻게 회사 사업과 관련된 지식을 요구하는 항목을 분석하는지에 대해 이야기해보도록 하자.

지식을 요구하는 NCS 기반 자소서 항목

분류	자소서 항목
회사 지식	• 평균 수명이 연장되면서 길어진 노후를 대비하는 중요한 수단인 국민연금에 대해 관심이 커지고 있습니다. 국민연금의 가장 큰 특징은 젊은 시절부터 준비가 필요한 장기보험이라는 점입니다. 국민연금 제도의 특징을 고려하여 국민연금 제도에 대한 자신의 생각을 기술해 주시기 바랍니다.
	• 최근 예탁결제산업은 국경 간 장벽이 허물어지는 등 경쟁환경 조성이 가속화되고 있습니다. 지원자가 볼 때, 한국예탁결제원의 글로벌 경쟁력을 강화하기 위해서는 어떤 업무를 핵심 업무로 성장시켜야 하는지에 대해 기술해 주시기 바랍니다.
	• 공단에서 지속 필요로 하는 인재는 크게 '미래사업 추진형' 인재와 '조직가치 창출형' 인재로 구분하고 있습니다. 공단 수행 보험사업 직무분야에 비추어 지원자께서 생각하는 '미래사업 추진형' 인재와 '조직가치 창출형' 인재는 각각 어떠한 특성을 갖는 인재인지 설명해 주시고 공단 입사 후 이 두 가지 인재유형 중 본인이 지향하고자 하는 인재유형과 그 이유에 대해서도 구체적으로 설명해 주시기 바랍니다.
	• 향후 10년간의 금융환경 변화 중 SGI서울보증에 영향을 끼칠 변화는 무엇이라 생각하는지 전망하여 보시고, 이에 따른 회사의 필요전략과 본인의 역할에 대하여 기술해 주시기 바랍니다.
지원동기 및 지식	• 본인이 알고 있는 한국공항공사에 관한 내용(국내외 환경변화, 조직특성, 추진업무 등)은 무엇이며 그 정보를 어떻게 얻게 되었는지 기술해 주시기 바랍니다. 또한 그중 어떠한 면에 이끌려 우리 공사에 지원하게 되었는지 기술해 주시기 바랍니다.
	• 그 외 대부분의 지원동기 자소서

위의 항목에서 보듯이 지식을 요구하는 자소서 항목은 지금까지 보던 자소서 항목과는 많이 다르다. 특히 이 부분은 금융권 공기업, 사회·복지 공기업, 교통·관광 공기업에서 많이 나오는 자소서 항목이다. 공공기관에서 왜 이런 자소서를 원할까를 생각해 보면 답은 간단하게 나온다. 금융권 공기업은 기본적으로 경제나 산업의 흐름에 대해 알아야 과업을 정확하게 처리할 수 있다. 또한 사회·복지 공기업은 기업이 하는 일이나 정책에 대한 방향성을 정확하게 이해하고 있는 인재를 채용하는 것이 유리하기 때문에 지식이 필요

한 항목을 제시하는 것이다.

국민연금공단은 앞의 자소서 항목에서 보듯, 국민연금의 정체성을 정확하게 알고 있어야 한다. 국민연금공단의 자소서는 항목에서 이미 국민연금이 노령화되고 있는 시기에 꼭 필요한 장기보험이라는 특징을 제시한다. 중요한 것은 국민연금에 대한 자신의 생각을 이야기하라고 했으니 현재 국민연금의 문제점, 국민연금의 현황에 대해 공부해야 한다는 것이다. 무조건 좋다거나 무조건 비판하라는 것이 아니라 자신의 생각을 이야기할 때는 국민연금에 대해 판단을 해야 한다. 그러므로 국민연금을 정확하게 이해하고 있는지 묻고 있는 항목이라고 볼 수 있다.

SGI서울보증의 항목을 보면 금융환경의 변화를 예측하라는 주문이 나온다. 왜 이렇게 힘든 내용을 이야기하라고 요구하는 것일까? 일단 SGI서울보증이 무엇을 하는 곳인지 알면 이유를 정확하게 알 수 있다. SGI서울보증은 중소기업과 서민들이 필요로 하는 보증 서비스를 제공하는 보증기관이다. 보증해주기 위해서는 금융환경, 경제환경을 정확하게 예측해야 한다. 경제환경뿐만 아니라 금융(증권, 채권 등)을 예측하는 능력이 있어야 보증보험의 일을 제대로 할 수 있기 때문이다.

이 항목을 분석하는 이유는 앞에 나타난 항목들과는 다르게 스토리를 만들기 위해서가 아니다. 항목을 조목조목 따져야 어떤 것을 공부해야 할지 알 수 있기 때문이다. 공부하는 영역을 만들어 놓으면 면접에서도 좋은 성과를 낼 수 있고, 본인이 지원하는 회사가 무엇을 하는지를 정확하게 알 수 있다.

> **최근 예탁결제산업은 국경 간 장벽이 허물어지는 등 경쟁환경 조성이 가속화되고 있습니다. 지원자가 볼 때, 한국예탁결제원의 글로벌 경쟁력을 강화하기 위해서는 어떤 업무를 핵심 업무로 성장시켜야 하는지에 대해 기술해 주시기 바랍니다.**

위의 자소서는 한국예탁결제원이 하는 역할에 대해 정확하게 알고 있어야 쓸 수 있다. 예탁이라고 하는 것은 고객이 예탁자에게, 예탁자가 증권예탁원에 보관시키는 유가증권과 이 유가증권의 보관 중에 발생하는 일체의 위탁 행위를 포괄하는 증권거래법상의 특수한 법률요건이다. 여기에서 예탁결제산업의 국경 간 장벽이 허물어진다는 정보를 준다. 이것은 글로벌 자본시장의 모든 참가자인 투자자, 기업, 금융 중개기관들이 어디에 투자할지에 대한 무한경쟁 시대로 접어들었음을 이야기한다. 이를 분석해보면 예탁 시장이 경쟁환경에 놓여 있고, 이에 한국예탁결제원이 어떤 사업을 통해 발전할 수 있을 것인지에 대해 적는 것이다. 결국 지원자가 보고 있는 경제, 사회, 산업의 방향성과 가치관 또한 엿볼 수 있기 때문에 중요한 항목이라고 할 수 있다. 이를 정리해 보면 다음과 같다.

1. 예탁결제가 무엇인지 정의한다.

2. 예탁시장의 경쟁환경에 대해 분석한다.

3. 현재 한국예탁결제원의 사업에 대해 분석하고, 과제를 가지고 있는 것에 대해 분석한다.

4. 세계적인 예탁결제업체의 방향성을 분석한다.

5. 한국예탁결제원에서 세계적인 예탁결제 시스템을 구축하기 위해 어떤 것이 필요한지를 분석한다.

위에서 분석한 것을 보면 공부해야 할 것이 보인다. 자소서를 쓰는데 무슨 공부가 필요하냐고 생각할 수도 있지만, NCS가 도입된 후로 지식을 요구하는 항목이 자주 제시되므로 지원하는 기업에 대한 공부는 필수이다. 요즘 공공기관을 준비하는 사람뿐만 아니라 모든 취업을 준비하는 사람들의 슬로건은 '닥치고 취업'이다. 어떤 카페명이 아니라 무조건 취업을 해야 한다고 생각하는 것이다. 그런데 NCS의 취지를 살펴보라. NCS의 취지는 능력에 맞춰 일을 할 수 있는 사람을 채용하는 것이다.

처음 NCS를 홍보할 때 자신의 능력을 키워 자신이 가고 싶은 곳에 취업할 수 있다는 내용을 내세웠다. 이를 뒤집어서 생각해보면 자신이 가고 싶은 곳을 먼저 정하지 않으면 안 된다는 사실을 알 수 있다. 그러므로 자신이 가고 싶은 공공기관에 대해 자세히 알고, 더 나아가 공공기관이 하는 사업군에 관해 공부해야 한다.

공공기관에서 일하고 싶다면 알아야 할 것이 있다. 먼저 공공기관의 역할과 사상에 대해 알고 있어야 한다. 이를 학문으로 하면 공기업론이라고도 이야기한다. 깊이 있는 학문까지 알 필요는 없지만, 공공기관이 어떤 역할을 하는지, 그리고 어떤 사상을 가지고 있는지를 알고 있을 필요는 있다. 그리고 산업군으로 분류해 지식을 습득할 필요가 있다. 예를 들어 에너지 발전 공기업이라면 발전 산업과 전기세, 그리고 앞으로의 발전 산업의 방향에 대해 알고 있어야 한다. 금융권은 경제, 산업의 동향을 예측해야 한다. 앞으로의 금융산업은 불확실한 작금의 시점에 예측이 가장 중요하기 때문이다. 이렇듯 공기업론과 산업군의 분석을 통해 써야 하는 항목이 있다. 그것이 바로 지원동기이다. 뒷부분에서 지원동기를 어떻게 써야 하는지, 그리고 여기에 필요한 지식은 무엇인지 살펴볼 것이다. 그 전에 공공기관에서 중요시하는 윤리성에 대해 알아보도록 하자.

2. 직업윤리와의 연결

많은 공공기관 취업 준비생들이 자소서에서 가장 힘들어하는 항목 중 하나가 '윤리성'과 관련된 항목이다. 이 부분은 '윤리'와 '도덕', 그리고 '준법'에 대한 구분이 필요하고 공공기관이 가져야 할 '철학'에 대한 내용이 접목되어야 하기 때문에 어려운 부분이지만, 어떻게 보면 공공기관에서만 질문하는 부분이기 때문에 정확하게 알고 준비해야 한다.

그렇다면 공공기관에서 물어보는 '윤리성'에서 가장 중요한 키워드는 무엇일까? 결론부터 말하자면 바로

'공정성'이다. 대부분의 면접자들이 '윤리성'에 대해 물어보면 '도덕적'인 내용을 많이 말한다. 일단 '도덕'은 사회적으로 합의를 본 것을 말한다. 예를 들어 사회적 약자를 보호해야 한다는 마음가짐이나 사회적으로 기여를 하는 것은 도덕과 관련된 내용이다. 하지만 '윤리성'은 사회적 합의를 보는 것이 아니라 공정함, 즉 자신의 양심에 맡기는 공정성이 가장 주된 키워드가 된다. 그렇다면 공정성은 무엇일까?

공정성은 양심에 맡겨 양팀과 경쟁을 하거나 프로젝트를 진행하는 상황에서 본인에게 주어진 상황을 다른 사람에게 주어진 상황과 동일하게 하는 것을 말한다. 대부분 공정성을 '기계적 평등'으로 오해하고 있기 때문에 공정성이라는 단어를 많이 사용함에도 불구하고 공정성이 무엇인지 정확하게 모르는 경우가 많다. '공정성'은 '결과적 평등'이나 '기계적 평등'이 아니라 과정에서 생겨나는 평등을 말하는 것이다. 조금 어려울 수 있으니 예를 들어보자.

> A라는 그룹과 B라는 그룹이 있다. 이 두 그룹은 같은 프로젝트를 진행하고 성적으로 경쟁을 하는 상황에 놓여있다. 그리고 당신은 A라는 그룹에 속해 있고 프로젝트 과제를 내준 교수의 조교와 매우 친분이 있다. 그래서 당신이 조교에게 연락만 한다면 프로젝트에 대한 모든 정보를 얻을 수 있다. 하지만 B라는 그룹은 그렇지 못한 상황이다. 그렇기 때문에 당신은 조교에게 연락하지 않았다.

위의 사례를 보면 의문이 생길 수 있다. 우리는 지금까지 인맥도 능력이라고 배웠기 때문이다. 하지만 '공공'이라는 단어가 붙으면 인맥은 능력이 아닌 편법이 되고 더 심하면 불법적 요소가 될 수도 있다. 그렇기 때문에 '윤리성'에 대해 물어본다면 반드시 당신이 '공정한 사람'임을 보여주도록 하자.

그렇다고 반드시 '공정성'에 대해서만 이야기할 필요는 없다. '윤리'는 도덕적 행동에서 가장 중요한 '공동의 선'을 지키는 것이기 때문이다. 좀 더 넓게 보면 '공동의 선'이란 '공동체를 유지하기 위해 선택하는 가장 올바른 방식'을 의미하므로 '공정'도 여기에 포함된다. 또는 더 나아가 자신의 양심에 꺼림이 없는 상황을 말해도 된다.

공공기관의 윤리에 대한 범주

> 1. 공정성: 기계적 평등과 결과적 평등이 아닌 과정에서 생겨나는 평등을 말한다.
> 2. 사회적 책임: 사회적 약자를 우선으로 생각하는 마음을 말한다.
> 3. 업무 책임: 공공기관은 자신의 업무에 책임을 다하여 윤리적 책임을 다해야 한다.

위의 범주를 통해 작성한 자소서를 살펴보면 다음과 같다.

자신이 윤리적인 사람임을 보여주는 경험을 구체적으로 기술해 주시기 바랍니다.

저는 자칫하면 편법을 저지를 수 있는 상황에 놓여있었으나 저의 양심과 원칙을 지키며 좋은 결과를 이끌어낸 경험이 있습니다. 당시 공모전을 진행하였을 때였습니다. 공모전 주제는 전 분기 때 나온 주제였습니다. 저는 그때 1위를 한 선배 한 명과 친하게 지내고 있었고, 그 선배에게 물어보면 대부분의 노하우를 이야기해 줄 수 있는 상황이었습니다. 하지만 저는 그렇게 하지 않았습니다. 만약 제가 그렇게 해버리면 다른 조들과 공정하게 경쟁을 하지 못한다고 생각했기 때문입니다. 그래서 저는 좀 더 구체적으로 계획을 짜고 팀원들과 함께 시간 외에도 소통을 하면서 공모전을 끝냈습니다. 그리고 저희 조는 1위는 아니었지만 입상을 할 수 있었습니다. 이를 통해 저는 공정한 경쟁을 하게 된다면 배울 점도, 자신의 역량을 키울 수도 있다는 것을 알게 되었습니다.

3. 지원동기와의 연결

사고의 영역 다음에 필요한 것은 바로 논리적 구성이다. 아무리 좋은 생각을 가지고 있다고 하더라도 중언부언하면 아무 소용이 없다. 그래서 사고를 한 다음 논리적 구성이 필요한 것이다. 지원동기는 '우리 회사의 지원동기는 무엇이고 입사 후 어떻게 할 것인지에 대해 이야기해 보세요.'라는 항목에서부터 한국공항공사처럼 '본인이 알고 있는 한국공항공사에 관한 내용(국내외 환경변화, 조직특성, 추진업무 등)은 무엇이며 그 정보를 어떻게 얻게 되었는지 기술해 주시기 바랍니다. 또한 그중 어떠한 면에 이끌려 우리 공사에 지원하게 되었는지 기술하여 주시기 바랍니다.'라는 항목까지 다양한 형태로 나타난다. 여러 형태로 구성되어 있기는 하지만 항목의 본질은 같다. 회사에 대한 관심, 사업군에 대한 관심도를 쓰는 것이다. 그리고 자신의 직업관에 대한 것까지 같이 쓰는 것이 지원동기를 쓰는 본질이라고 할 수 있다.

이러한 본질을 논리적 구조로 나타내기 위해서는 먼저 논리가 무엇인지 알고 있어야 한다. 논리란 원인, 과정, 결과를 순서대로 적는 것이다. 논리가 성립되기 위해서는 개념과 판단, 추론의 과정을 거친다. 추론이란 그것이 타당한지 타당하지 않은지를 밝히는 것이다. 지원동기에서 추론의 과정이 왜 필요한지 의문이 든다면 자신의 직업관과 회사의 비전을 연결할 때 그것이 반드시 타당해야 하기 때문이라고 알아두자. 논리는 시간, 공간, 사람에 제한을 받지 않는다. 반드시 정답이라는 필연의 영역에 다다르는 것이다. 결국 인연설로 인해, 갑자기 매력을 느껴서가 아니라 반드시 내가 이 회사에 들어갈 수밖에 없는 필연의 영역을 새롭게 창조해야 한다.

논리의 종류는 귀납적 추론과 연역적 추론으로 이루어진다. 이 중에서 자소서를 작성할 때 써야 할 방법은 무엇일까? 대부분 연역적 추론이라고 이야기할 것이다. 그렇지만 실제로는 귀납적 추론의 형태로 지원동기를 적는 경우가 많다. 그 이유는 경험을 열거하면서 자신이 이 회사와 연관이 있다는 것을 강조하기 때문이다. 예를 들자면, 이 회사에서 인턴을 하면서 느낀 점이 많아 회사를 들어가고 싶다고 이야기하거나 전공 공부를 하면서 이 회사에 관심이 높아졌다고 이야기한다. 결국 자신의 경험을 통해 비약적인 논리를 맞이하는 불완전한 귀납법으로 지원동기를 쓰는 것이다. 그래서 자신이 지원동기를 쓰고도 논리적으로 맞지 않고 비약적이라는 것을 알기 때문에 만족하지 못하는 것이다.

그래서 연역적 추론이 필요하다. 연역적 방법은 전제(가정)가 결론을 100% 보장해주는 추론 방식이다. 그렇지만 경험에 있어 보편적인 원리들은 수학의 공식처럼 100% 결론을 보장해주지 않는다. 그러므로 반드시 필연의 영역을 만들기 위해 회사의 비전이나 사업군에 대한 내용을 언급하고 그에 대한 비전과 본인의 직업관이 필연에 묶여 있어야 한다. 이 직업관이 전제에 대한 결론이 되는 것이고 이것이 만약 반박된다면 다른 것을 찾아야 한다. 결국 거시적인 접근에서 미시적인 영역으로 끌어들여 필연의 영역으로 만드는 논리적 전개를 통해 지원동기를 쓸 수 있다. 그렇다면 잘못 쓴 지원동기의 예시를 살펴보자.

한국법무보호복지공단에 입사한 지원동기를 공단업무 특수성에 맞게 기술해주세요.

대학시절 지역아동센터를 통해 다문화 가정 아이들을 만났습니다.(지원동기는 자신의 경험으로 시작하면 안 된다. 특히 공공기관의 지원동기는 공공재를 다루고 있기 때문에 원인과 결과가 맞지 않다.) 아이들은 한 번만 오고 다시 찾지 않는 봉사활동 참가자들로 인해 상처가 있었습니다. 저는 이 아이들의 마음을 열기 위해 매주 아이들을 만났고, 아이들의 사소한 고민이라도 들어 주려 노력했습니다. 그렇게 3개월이 지난 후 아이들은 마음을 열고 항상 미소로 반겨 주었습니다. 저는 이 아이들을 보면서 인간관계에서 약속을 지키고, 관심을 기울이는 자세가 중요함을 배웠습니다. 이때부터 사회적 소외자에 대한 관심이 생겼고, 그때 한국법무보호복지공단에 대한 관심이 생겼습니다.(사회적 소외자에 대한 범주가 너무 넓고 한국법무보호복지공단에 대한 관심과 연결되지 않는다.)

한국법무보호복지공단은 직업훈련 등 다양한 지원사업을 통하여 법무보호대상자를 보호하고 선도하는 역할을 하는 기관입니다. 이처럼 법무보호 프로그램이 필요한 사람들에게 도움을 주고 법무보호대상자들이 사회에 복귀할 수 있도록 도움을 주는 역할을 한국법무보호복지공단에서 수행하겠습니다. 특히 봉사활동을 통해 배려의 마인드로 지역지부에서 취업지원 프로그램을 진행하는 업무를 하겠습니다.(자신의 역량이 드러나야 취업지원 프로그램을 진행하는 업무를 제대로 이해했음을 드러낼 수 있으므로 자신의 역량을 이야기해야 한다.)

한국법무보호복지공단의 직원이 되어 보호대상자들과 만날 때도 약속을 지키고, 관심을 기울이는 자세를 최우선으로 삼겠습니다. 한국법무보호복지공단의 지부에서 보호대상자들이 신뢰할 수 있는 직원이 되어 최고의 법무보호 프로그램을 제공하는 직원이 되겠습니다.

앞의 지원동기는 불완전 귀납을 통해 매우 비약적으로 되어 있다. 얼핏 보면 그런대로 잘 쓴 지원동기라고 생각할 수도 있지만, 다문화 가정의 아이들을 만나면서 사회적 소외자에게 관심을 가졌고, 그때 '마침' 한국법무보호복지공단에 관심을 가졌다는 것은 굉장한 우연의 영역에서 이루어진 것이다. 필연적으로 본인이 들어가고 싶은 것이 아니라는 말이 된다. 그러므로 제대로 된 지원동기의 구성을 통해 자소서를 써야 한다. 지원동기의 구성은 다음과 같다.

1. 지원하고자 하는 공공기관의 외부 환경을 이야기한다.
2. 지원하고자 하는 공공기관의 역할을 이야기한다.
3. 본인이 공공기관의 역할에 일조하고 싶다는 내용을 이야기한다.
4. 공공기관의 역할에서 가장 중요하다고 생각하는 사업을 이야기한다.
5. 사업에 필요한 역량을 이야기한다.
6. 본인이 한 경험을 통해 사업에 필요한 역량을 획득한 내용을 이야기한다.
7. 본인의 역량을 통해 공공기관의 역할에 충실할 수 있다는 내용을 이야기한다.

지원동기에서 제일 먼저 써야 하는 것은 공공기관의 외부 환경에 대한 것이다. 공공기관은 기본적으로 국민의 복지와 관련된 사업을 진행하기 때문에 경영환경에서 내부 환경보다는 외부 환경의 변화에 민감하다. 또한 공공기관은 경제와 사회에 대한 변화를 예측해야 사업을 제대로 이끌 수 있으므로 본인이 지원하는 사업군의 경제와 사회에 관한 내용을 알고 있다는 것을 인지시켜 줄 필요가 있다. 이와 같이 외부 환경을 통해 공공기관의 방향성에 대해 간략히 기술하고, 여기에 본인이 일조한다는 내용을 기술하는 것이 좋다. 여기까지는 매우 간략하게 기술해야 한다. 앞의 지원동기를 이에 따라 고쳐 쓰면 아래와 같다.

1. **지원하고자 하는 공공기관의 외부 환경을 이야기한다.**
   → 한국 사회는 불신과 양극화 등의 불안감을 가지고 있습니다. 이런 상황에서 정부는 상대적 박탈감을 줄이기 위해 복지와 안전망을 구축하여 사회적인 안정을 추구하고 있습니다.

2. **지원하고자 하는 공공기관의 역할을 이야기한다.**
   → 특히 한국법무보호복지공단은 보호관찰 등에 관한 법률과 사회복지사업법 등에 의거해 법무보호복지를 통한 보호대상자의 건전한 사회복귀와 함께, 효율적인 범죄 예방 활동을 목적으로 하고 있습니다.

3. **본인이 공공기관의 역할에 일조하고 싶다는 내용을 이야기한다.**
   → 저는 지속적인 프로그램을 통해 취약계층을 안전하게 사회에 적응시키고 사회적 안전을 구축하는 데 일조하고 싶어 지원하게 되었습니다.

그다음은 회사의 사업에 대한 내용이다. 이때 주의할 점이 있다. 회사가 진행 중인 모든 사업을 이야기해야 하는가에 대한 부분이다. 회사의 사업과 관련해서는 자신의 경제와 사회를 바라보는 관점을 중심으로 자신이 관심이 있는 회사의 사업만 이야기해도 충분하다. 그리고 이것을 자신의 경험과 연결시켜 자신의 역량을 이야기하는 것이 좋다. 이를 예시로 들면 다음과 같다.

4. 공공기관의 역할에서 가장 중요하다고 생각하는 사업을 이야기한다.
→ 그중에 가장 중요한 사업이 취업지원 프로그램을 진행하는 업무라고 생각합니다. 그 이유는 범죄자, 노숙자 등이 사회에 복귀할 때 가장 힘들어한다고 생각하기 때문입니다. 사회적 인식뿐만 아니라 제대로 된 사회적 안전망이 갖추어지지 않는다면 또 다른 범죄와 노숙자들이 생겨날 것입니다.

5. 사업에 필요한 역량을 이야기한다.
→ 이 사업에서 가장 중요한 역량은 프로그램 기획 능력과 행정 프로그램 숙련 능력이라고 생각합니다. 또한 보호관찰 대상과의 소통능력과 공감능력도 중요하다고 생각합니다.

6. 본인이 한 경험을 통해 사업에 필요한 역량을 획득한 내용을 이야기한다.
→ 저는 대학시절부터 지역아동센터, 지역교도소 멘토링, 미혼모 센터 등에서 봉사활동을 하면서 사회적 약자에 대한 상대적 박탈을 체험했고 사회적 소외자들과의 소통능력을 키워왔습니다. 또한 공모전을 통해 기획능력과 문서작성능력을 익혔습니다. 또한 ○○공공기관에서 사무보조 아르바이트를 하면서 공문서, 보도자료 등의 문서작성능력을 익혔습니다.

7. 본인의 역량을 통해 공공기관의 역할에 충실할 수 있다는 내용을 이야기한다.
→ 이를 통해 보호대상자들의 사회복귀 지원역량 강화에 도움이 되고 싶습니다.

이와 같이 지원동기에서는 사업과 사업에 필요한 역량, 그리고 그에 따른 역량 획득 경험이 중요하다. 이런 스토리를 만들기 위해 공공기관의 역할과 방향 그리고 외부 환경에 대한 지식을 획득해야 한다. 그러므로 공공기관에 대한 정확한 이해와 공공기관의 역할에 대해 아는 것이 중요하다. 이를 바탕으로 한국전력공사의 지원동기를 정리한 사례는 다음과 같다.

1. **지원하고자 하는 공공기관의 외부 환경을 이야기한다.**

    → 현재 정부는 탄소중립 2050을 천명하고 탄소배출을 제로화하기 위해 신재생에너지의 전환, 수소경제의 부흥 등을 위해 노력하고 있습니다.

2. **지원하고자 하는 공공기관의 역할을 이야기한다.**

    → 이에 한국전력공사는 신재생에너지로의 전환과 송배전 지중화를 통해 정부의 정책을 이어 나가고 있습니다. 한국전력공사는 현재 탄소중립 2050을 이어받아 신재생에너지 개발 및 전환 자동화 수요관리 시스템을 통해 에너지 경제 부흥을 앞당기고 있습니다.

3. **본인이 공공기관의 역할에 일조하고 싶다는 내용을 이야기한다.**

    → 저 또한 에너지는 곧 경제라는 생각으로 한국전력공사에서 한국을 에너지 중심국으로 만드는 데 일조하고 싶어 지원하게 되었습니다.

4. **공공기관의 역할에서 가장 중요하다고 생각하는 사업을 이야기한다.**

    → 그중 저는 수요관리사업이 가장 중요하다고 생각합니다. 에너지 최소비용계획을 통해 공급과 수요의 최적의 조합을 찾아야 적정한 전력가격과 신에너지 발전에 기여할 수 있기 때문입니다.

5. **사업에 필요한 역량을 이야기한다.**

    → 이 사업을 지속 가능하게 하기 위해 가장 중요한 역량은 수요관리를 위한 지침을 지키는 의지와 재무회계 지식이라고 생각합니다.

6. **본인이 한 경험을 통해 사업에 필요한 역량을 획득한 내용을 이야기한다.**

    → 저는 산업은행 스타트업 프로그램에 지원한 적이 있었습니다. 이 프로그램에서 저는 시장분석을 통해 마케팅 기법을 내세웠지만 재무와 회계 처리 방식이 세분화되어 있지 않아 최종에서 탈락하게 되었습니다. 이때부터 재무와 회계 관련 이론을 습득하여 학과 내 프로젝트팀 평가에서 최우수 성적을 받을 수 있었습니다.

7. **본인의 역량을 통해 공공기관의 역할에 충실할 수 있다는 내용을 이야기한다.**

    → 저의 이런 재무회계 관련 지식과 수요관리를 위한 시장분석 역량을 통해 한국전력의 수요관리사업에 일조하여 한국에너지 경제에 이바지하고 싶습니다.

기업 분석 자료와 포트폴리오 연결하기

앞서 PART 2에서 나만의 포트폴리오를 만들어 보았다. 포트폴리오를 만들게 된다면 기업의 역량, 인재상과 관련된 내용은 전부 연결할 수 있다. 자소서를 쓰는데 이런 작업까지 해야 하는지 의심스러울 수 있지만 우리가 가진 언어능력의 한계를 넘어야 자소서가 더 구체화되고 자연스러워질 수 있는 것이다. 여기에서 지금까지 만들었던 포트폴리오를 모아보면 한눈에 자신의 역량을 파악할 수 있다.

포트폴리오 연결하기

시기	경험	의미(현재의 시점에서)	획득한 역량
2014	인력경호업체 입사	주체적으로 일을 하고 싶다는 생각이 막연하게 들었고, 지금 와서 생각해보니 창업하는 사람들이 멋있다고 생각했다.	• 대인관계능력 • 의사소통능력 • 팀워크 능력
2014	인력경호업체 퇴사		

구분	내용	사업과 역량 연결
필요지식	• (경영·경제) 경영환경 분석, 경영평가 방법론, 경영계획 수립 관련 이론, 마케팅 및 HRD 관련 지식, 전력 산업 트렌드 및 신재생에너지 관련 기초 지식	• 송·배전사업에 필요한 부동산 매각 지식 • 에너지 신사업에 필요한 예산 관리 및 작성 • 해외사업에 필요한 경영환경(해외 문화와 경제) 분석 • 스마트그리드 확산 및 홍보 등에서 필요한 지식
필요기술	• 개념적·분석적 사고능력, 기획력, 고객 니즈 파악 및 대응 기술, 유관 부서 간 의견 조정 스킬, 설득 및 협상 기술, 프로세스 관리 능력, 커뮤니케이션을 위한 문서화 능력, 보고서 등 문서작성 및 관리 기법, 문서 작성·통계처리·인터넷 검색 등을 위한 컴퓨터 활용 능력, 피벗·기본함수 등 통계 프로그램 활용 능력, 법규 이해·활용능력, 비즈니스 영문 레터 작성 및 비즈니스 영어 회화 구사 능력	• 해외시장 분석 및 해외 이해관계자 소통 • 에너지신사업 이해관계자 소통 및 설득 • 전력품질 분석 보고서 작성 및 해외자료 분석 등에서 필요한 기술

직무수행태도	• 세밀한 일 처리 태도, 고객의 요청에 적극적으로 대응하려는 노력, 효율적 시간 관리, 정보 수집·관리 노력, 업무 네트워크 형성 노력, 문제 해결 및 환경 변화에 적극적으로 대처하려는 태도, 개선 및 혁신을 추구하는 태도, 공동의 목표를 위해 적극적으로 협조하려는 태도, 약관·지침을 준수하려는 의지, 청렴하고 공정한 업무 처리 태도	• 수요관리를 위한 지침을 지키는 의지 • 공기단축 및 사업과 관련된 시간관리 등

인재상	내용	분석
기업가형 인재	회사에 대한 무한 책임과 주인의식을 가지고 개인의 이익보다는 회사를 먼저 생각하는 인재	공공기관은 공익을 우선해야 한다. 에너지·발전은 사회발전을 위해 존재하기 때문에 공동체 의식을 가진 인재가 필요하다. 윤리의식 역시 가지고 있어야 한다.
통섭형 인재	융합적 사고를 바탕으로 Multi-specialist를 넘어 오케스트라 지휘자 같이 조직 역량의 시너지를 극대화하는 인재	한국전력공사가 추진하고 있는 스마트시티사업(빛가람 밸리 사업)은 모든 사업이 연결되어 있다. 그러므로 자신의 역량 한 가지만 알고 있는 것이 아니라 다른 사업까지도 이해할 수 있는 인재가 필요하다.
도전형 인재	뜨거운 열정과 창의적 사고를 바탕으로 실패와 좌절을 두려워하지 않고 지속적으로 새로운 도전과 모험을 감행하는 역동적 인재	4차 산업혁명 시대에 신재생에너지 발전과 스마트시티를 성공시키기 위해 실패를 두려워하지 않아야 하며, 새로운 신시장을 개척하기 위해서 새로운 시장을 모색하는 능력을 갖춘 인재가 필요하다.
가치 창조형 인재	현재 가치에 안주하지 않고 글로벌 마인드에 기반한 날카로운 통찰력과 혁신적인 아이디어로 새로운 미래가치를 충족해 내는 인재	해외전력 사업을 통해 한국전력공사는 수익을 내고 있다. 그러므로 해외 시장 개척은 매우 중요하다. 신시장을 바라볼 수 있는 분석능력과 상상력을 실현할 수 있는 인재가 필요하다.

위와 같이 자소서를 쓸 때 역량과 연결해야 하는 내용이 많은데 이때 자신의 포트폴리오를 연결하여 보면 한눈에 파악할 수 있고, 더 나아가 자신이 어떤 인재상인지도 파악할 수 있다.

시간을 아껴주는
공기업 분석 연습 노트

📝 지원하는 기업의 인사말 분석하기

인사말을 기재해 주세요.

_____

_____

_____

_____

_____

_____

_____

_____

_____

_____

_____

_____

_____

_____

노트 작성 Tip

인사말에서 작은따옴표, 큰 글씨 등으로 강조되는 부분은 매우 중요하고 핵심적인 내용일 가능성이 높으므로 집중적으로 분석해야 한다. 그리고 본인이 중요하다고 표시한 부분에 관한 보도자료, 지속가능경영보고서 등을 검색하여 관련 내용을 숙지해야 한다.

📝 지원하는 기업의 회사 개요 분석하기

회사 개요를 기재해 주세요.

_____

_____

_____

_____

_____

_____

_____

_____

_____

_____

_____

_____

_____

_____

_____

_____

노트 작성 Tip

지원하는 기업의 인사말을 분석할 때와 마찬가지로 본인이 중요하다고 생각한 내용에 대해서는 반드시 여러 자료를 찾아보며 관련 내용을 완벽하게 이해해야 한다. 회사 개요가 매우 간단하더라도 눈으로 보기만 하는 것과 직접 써보는 것은 전혀 다르다. 직접 관련 내용을 적어보며 정리하면 더 체계적으로 기업에 대해 파악할 수 있을 것이다.

📝 지원하는 기업의 사업 분석하기

사업분야	내용
	• • • •
	• • • •
	• • • •

_____

_____

_____

_____

_____

_____

_____

_____

_____

_____

_____

📝 지원하는 기업의 역량 분석하기

■ 직무수행내용
- _____
- _____
- _____
- _____
- _____

■ 역량

구분	내용	사업과 역량 연결
	• • •	• • •
	• • •	• • •
	• • •	• • •
	• • •	• • •

노트 작성 Tip

지원하는 기업에 따라 직무수행내용과 역량이 조금씩 달라진다. 공공기관을 정하고 작성하는 것이 자소서 작성에 도움이 된다.

📝 지원하는 기업의 가치체계 분석하기

■ 미션

- _____
- _____
- _____
- _____
- _____
- _____

■ 비전

- _____
- _____
- _____
- _____
- _____
- _____

■ 핵심가치

- _____
- _____
- _____
- _____
- _____
- _____

🗒️ 기업 분석 자료와 포트폴리오 연결하기

경험	경험에 따른 역량	역량에 따른 사업	사업에 따른 인재상

노트 작성 Tip

1. 자신만의 포트폴리오와 스스로 기업 분석을 한 내용을 바탕으로 작성해야 한다.
2. 경험은 사건을 중심으로 이야기할 수 있어야 한다.

PART

4

실전 자소서 작성법

1 자소서 소스 정리하기

2 자소서 작성 순서 숙지하기

시간을 아껴주는 **자소서 작성 연습 노트**

1 자소서 소스 정리하기

지금까지 해 온 모든 것들은 자소서를 쓰기 전 단계에 해당하며 실제 자소서 작성에 필요한 소스를 만드는 작업이었다. 먼저 자소서를 대하는 태도를 알아보고 자소서 항목에서 추상적인 단어를 찾아 정리하였다. 그리고 나의 캐릭터를 파악하고 나만의 포트폴리오를 만들었으며 자소서 항목을 분해(청킹다운)하였다. 또한 공공기관이 무엇인지 알아보고 기업 분석 자료를 정리하였으며 이것을 나만의 포트폴리오와 연결하였다. 여기까지 왔다면 이제 자소서 쓰기 전 단계는 다했다고 볼 수 있다. 자소서를 쓰는데 이런 것까지 준비해야 하는지 계속해서 의문이 들테지만 자소서는 절대적으로 혼자 써야 하기 때문에 이 과정이 중요하다. 전문가에게 비용을 지불하고 첨삭을 받아 몇 번의 수정을 거치지만 절대로 좋아지지 않는 자소서를 계속 가지고 갈 수는 없다. 적어도 이 책의 목적은 그러하다. 이 책을 쓸 때 '혼자서 자소서를 쓸 수 있는 능력을 길러주자'는 취지를 가장 중요하게 여겼다.

혼자 자소서를 쓰는 능력을 길렀을 때 비로소 자소서로부터 해방될 수 있다고 생각한다. 지금까지 방법을 몰랐을 뿐 능력이 없는 것이 아니기 때문이다. 우리는 많은 책을 읽었고, 좋은 글을 가까이 두고 살았다. 하지만 글쓰기는 몇 가지 방법을 알고, 준비사항을 알아야 잘 할 수 있다. 그래서 어쩌면 누구도 알려주지 않은 글쓰기 방법을 설명해 주려고 한다. 일단 지금까지 해 온 것을 정리하면 다음과 같다.

❶ 캐릭터 분석: 자기의 캐릭터를 누구보다 잘 숙지해야 한다. 장단점을 통해 캐릭터가 그려지기 시작했다면 캐릭터는 만들어진 것이다. 캐릭터를 숙지하는 이유는 자소서를 쓰는 도중 글이 막혔을 때 캐릭터를 대입해보기 위함이다.

❷ 가치관 정리: 가치관은 두세 개 정도 문장화해 놓으면 좋다.

❸ 나만의 포트폴리오 만들기: 포트폴리오 만들기에 소홀한 경우가 많지만 가장 먼저 하는 것을 추천한다. 포트폴리오를 만들어보는 것만으로도 자소서의 50%는 완성된다는 사실을 유념하고 꾸준히 만드는 것이 좋다.

❹ 공공기관의 의의 정리와 기업 분석: 기업 분석은 무조건 시간이 오래 걸린다고 생각해야 한다. 처음에는 하나의 기업을 완벽하게 분석하는 데 8시간 정도 소요한다면, 그다음부터는 중점적으로 확인해야 하는 부분을 파악하게 되어 기업 분석에 소요되는 시간이 줄어들 것이다.

위의 항목들을 모두 준비했다면 자소서를 쓸 시작점에 선 것이다. 여기까지 준비하는 데 많은 시간이 걸렸기 때문에 자신의 노력에 비해 결과물이 좋지 않다면 실망할 수도 있다. 하지만 벌써 낙심할 필요는 없다. 지금부터 여러분의 자소서를 순서대로 풀어나가는 방법을 알려줄 것이다. 이 순서대로 자소서를 작성하면서 준비한 자소서 소스를 첨가하면 틀림없이 좋은 결과물을 만들 수 있을 것이라 믿는다.

2 자소서 작성 순서 숙지하기

어느 글이든 적절한 작성 방법이 있듯이 자소서를 쓸 때도 작성 순서라는 것이 존재한다. 소설을 쓰는 사람은 소설론을 알고 있어야 하고, 시를 쓰는 사람에게는 시론을 알고 있어야 한다. 즉 자소서를 쓸 때도 '자소서론'이 필요한 것이다. 자소서 작성 순서는 다음과 같다.

① 청킹다운(자소서 항목 분석)하기
② 분석한 항목에 경험과 생각 작성하기
③ 작성한 경험과 생각 숙지하기
④ 숙지한 내용을 기승전결에 따라 구성하기
⑤ 한 문장씩 새롭게 쓰기
⑥ 어색한 문장에 코멘트 쓰기
⑦ 작성한 글 고쳐 쓰기
⑧ 글자 수 줄이기

 종혁쌤's 가이드

위와 같은 순서대로 자소서를 적어나간다면 아마 한 항목을 적는 데 처음에는 2시간에서 2시간 30분 정도가 걸릴 것이다. 여기에서 중요한 것은 자소서를 쓸 때 가만히 있는 시간을 줄이고 쓰는 데 몰입하는 시간을 늘리는 것이다. 우리는 생각보다 몰입하는 것을 지겨워하지 않는다. 오히려 즐길 수도 있다. 그러므로 처음에 시간이 걸린다고 하더라도 몰입해서 적는 것에 집중하는 것이 좋다. 이렇게 하나의 기업당 약 다섯 항목 정도를 적어보면 그다음에 자소서를 적을 때에는 시간을 단축하게 된다. 똑같은 순서로 자소서를 작성하더라도 한 항목당 약 1시간에서 1시간 30분 정도로 작성 시간이 줄어든다. 그러므로 반드시 이 방법으로 연습하는 것을 추천한다.

이제 위의 자소서 작성 순서를 하나씩 풀어보며 이 순서에 맞게 작성된 실제 자소서 사례를 살펴볼 것이다. 사례를 살펴보며 자소서 작성 순서를 계속해서 리마인드하고 지원하는 기업의 자소서를 차근차근 작성해 보도록 하자.

1. 청킹다운(자소서 항목 분석)하기

청킹다운은 우리가 앞에서 했던 것처럼 자소서 항목을 분석하는 단계이다. 청킹다운은 일반적이고 추상적인 개념을 구체적인 형태로 범위를 좁혀나가는 것으로, 자소서 작성은 자소서 항목을 청킹다운하는 것에서 시작된다고 해도 과언이 아니다. 또한 단어를 정의해 놓으면 자소서 항목을 쉽게 분석할 수 있기 때문에 청킹다운하기 전에 단어를 정의하는 과정이 필요하다. 아래의 자소서 항목을 하나씩 풀어보자.

> **지금까지의 경험 중 상대방을 설득하여 목표한 것을 함께 이루었던 경험이 있다면 기술하여 주십시오.**

❶ 단어 정의하기
- **설득**: 상대방과 나의 의견이 충돌하였을 때 나의 의견을 상대에게 100% 동의시키는 방법
- **설득하는 자세와 방법**: 문제가 있다면 정확한 해결 방안을 제시하여 준다. 목표를 분명히 제시하여 준다. 어떤 사항이나 개념을 중복되지 않으면서도 전체적으로 누락 없는 부분 집합으로 인식하여 설명한다.

❷ 청킹다운
- 조직에서 일어난 일이어야 한다.
- 조직의 목표가 있어야 한다.
- 조직에서 상반되거나 충돌하는 의견이 있어야 한다.
- 내가 해결 방안을 제시하거나 나의 의견을 피력해야 한다.
- 설득하는 방법 중 하나를 제시한다.
- 조직의 목표를 성취한 결과가 제시되어야 한다.
- 이를 통해 획득한 역량(지식, 기술, 태도)이 있어야 한다.

 종혁쌤's 가이드

청킹다운할 때는 반드시 하나의 항목에 하나의 조건이 들어가 있어야 한다는 것이 중요하다. 여러 가지 조건이 있다면 분석한 항목 밑에 제대로 된 글을 써 내려가기가 어렵다. 여기에서부터 자소서는 시작된다.

2. 분석한 항목에 경험과 생각 작성하기

분석한 자소서 항목에 자신의 경험과 생각을 작성할 때 주의할 점이 있다. 이는 **자소서를 쓰는 것이 아니라는 생각으로 써야 한다는 것이다.** 있는 사실이나 자신의 생각을 체계적으로 작성하는 것이 아니라 **말 그대로 주저리주저리 써 내려간다는 느낌으로 쓰면 더 좋다.** 글자 수도 생각하지 말자. 글을 쓰는 데 어떤 제약이라도 받게 되면 좋은 글이 나올 수 없기 때문이다. 만약 쓰기 힘들다면 친구한테 이야기한다고 생각하고 써도 좋다.

경험이나 생각을 자유롭게 써 내려가다가 막힐 수도 있다. 자신이 직접 경험한 것이지만 그 안에 있는 디테일한 부분은 기억나지 않거나 특이사항이 없어서 쓸만한 내용이 없을 수도 있기 때문이다. 이때 자신이 작성한 캐릭터를 보고 '이 캐릭터라면 이렇게 했을 것이다.'라는 생각으로 다시 글을 써보자. 만약 캐릭터까지 대입했는데도 더 이상 글이 써지지 않는다면 자소서 항목과 소재가 맞지 않는 것이기 때문에 다른 소재로 바꿔야 한다. 자소서를 보면서 항목을 분석하는 단계와 분석한 자소서 항목에 자신의 경험과 생각을 작성하는 단계를 통해 자소서 항목과 본인의 경험을 연결할 수 있다.

---

1. **조직에서 일어난 일이어야 한다.**
   → 대학 4학년 응용 미생물학 팀 과제에서 일어난 일이다. 팀 구성원은 3학년과 4학년으로 구성되었고, 4학년은 졸업연구의 시기와 맞닿아 있었다. 3학년 3명, 4학년 3명으로 구성된 팀이었다.

2. **조직의 목표가 있어야 한다.**
   → 교수님께서는 팀을 일부러 3학년과 4학년을 섞어놓았다고 했다. 4학년이 3학년과 팀이 되어 도제식으로 가르치면서 팀워크가 중요하다는 말씀을 하셨다. 그래서 우리 조의 목표는 자연스럽게 팀워크를 발휘하여 발표까지 무사히 마치는 것이었다.

3. **조직에서 상반되거나 충돌하는 의견이 있어야 한다.**
   → 하지만 4학년은 졸업연구로 바쁜 시기였기 때문에 가르쳐준다기보다는 매뉴얼을 던져주고 기존의 관습대로만 하기를 원했고, 3학년과 나는 원칙대로 도제식으로 해야 한다고 이야기했다. 나도 역시 4학년이었다.

4. **내가 해결 방안을 제시하거나 나의 의견을 피력해야 한다.**
   → 일단 시간이 많지 않다는 사실을 인지시켰다. 그리고 해결 방안을 제시하였다. 해결 방안은 시간을 관리하는 방법이었다. 첫째, 개인적인 시간에서 한 시간씩만 빼서 참여하자는 내용이었다. 둘째, 일주일에 한 번씩 만나서 오랜 시간을 쓰는 것보다 일주일에 세 번 정도 만나는 방법을 택하자고 했다. 즉 횟수를 늘리고 짧은 시간 회의를 제안한 것이다. 더 나아가 불만이 생길 것을 우려하여 정확한 일의 분업을 제시하였다.

5. **설득하는 방법 중 하나를 제시한다.**

→ 양쪽이 만족할 수 있는 해결 방안을 제시하였고, 목표를 명확하게 다시 상기해 주었다. 또한 일의 분업을 명확하게 하여 불안을 해소하고자 했다. 4학년은 노하우와 지식이 있었기 때문에 기존의 매뉴얼과 현재 우리 팀의 작업에 대한 비교 분석과 자료 수집을 맡게 하였고 3학년은 이런 지식을 토대로 PPT 작성과 발표 연습을 맡도록 제안하였다. 또한 의사소통이 되지 않았을 때를 대비하기 위해 의사소통처를 하나로 일원화하였다.

6. **조직의 목표를 성취한 결과가 제시되어야 한다.**

→ 3학년은 PPT 작성과 발표 연습을 하면서 4학년이 가지고 있는 지식이나 자료들을 습득하였다. 그리고 단 한 명의 낙오자나 불만 없이 발표를 마칠 수 있었다.

7. **이를 통해 획득한 역량(지식, 기술, 태도)이 있어야 한다.**

→ 이를 통해 조직에서 시간을 관리할 수 있는 능력을 습득하게 되었고, 자료 수집 방법을 습득하였다. 또한 정확한 판단력으로 문제를 해결할 수 있는 능력을 획득하였다.

3. 작성한 경험과 생각 숙지하기

자소서를 작성하는 전체 과정에서 이 단계가 매우 중요하다. 나의 손을 떠난 글은 더 이상 내 것이 아니다. 나의 머릿속에서 나왔다고 해서 쓴 모든 것을 다 외울 수는 없다. 또한 어느 정도 가공된 내용이 포함되어 있기 때문에 내용을 디테일하게 파악하기는 더욱 어렵다. 그러므로 반드시 다시 한번 읽고 숙지하여 내용이 머릿속에 들어오게 해야 한다. 그렇지 않으면 다음으로 넘어가는 것이 무의미하다.

4. 숙지한 내용을 기승전결에 따라 구성하기

경험과 생각을 숙지한 다음 휴식을 취한다. 휴식을 할 때는 휴대폰을 본다거나 게임을 하는 것이 아니다. 혹은 자리에서 멍하니 있으라는 것도 아니다. 가벼운 산책 혹은 자리에서 일어나서 창문을 여는 등 자소서를 쓰던 공간을 새로운 환경으로 만들어 주는 것이 필요하다. 또한 그냥 쉬는 것이 아니라 숙지한 내용을 기승전결에 맞게 구성해주는 것이 중요하다. 예를 들면 앞서 살펴본 내용은 다음과 같이 구성할 수 있다.

> 응용 미생물학 팀 과제 때의 일이다. → 4학년과 3학년으로 된 팀 구성원이 있었고, 목표는 4학년이 3학년을 가르쳐 주는 방식으로 진행되어야 한다. → 하지만 4학년은 졸업연구와 겹쳐 있어 참여를 잘 하지 못한다는 주장을 했다. → 방법을 제시했다. 시간을 줄이는 방식이었다. → 개인적으로 한 시간씩만 시간을 내고, 일주일에 만나는 횟수를 늘리기로 했다. → 낙오자나 불만 없이 진행되었다.

 종혁쌤's 가이드

> 위와 같은 정도로만 머릿속에서 정리가 되어도 기승전결이 분명하게 나타나고 있기 때문에 줄거리가 나왔다고 할 수 있다. 이제부터 자소서를 써야 한다. 지금까지는 정확하게 말하면 자소서가 아닌 자소서 초안을 만들었다고 이야기할 수 있다.

5. 한 문장씩 새롭게 쓰기

이제부터 위에 써 놓은 것을 보지 않은 상태에서 자소서를 써야 한다. 경험과 생각을 숙지하였고, 줄거리가 구성되어 있기 때문에 더 이상의 내용을 추가하지 않기 위해 새롭게 글을 쓰는 것이다. 이때 주의할 점이 있다. 반드시 한 문장에 대해 충분히 생각하고 한 문장으로 옮겨 적어야 한다는 것이다. 우리는 글을 쓸 때 말하는 것처럼 쓰는 구어체 문장을 버리기 어렵다. 또한 자소서의 문장을 짧게 써야 한다는 것을 알면서도 문장을 짧게 쓰는 것을 어려워한다. 그래서 사용하는 방법이 한 문장에 대해 충분히 생각한 후 한 문장을 옮겨 적는 것이다. 한 문장을 옮겨 적을 때에는 완전한 문장이 되어야 한다. 만약 '과제를 해야 한다고 주장했습니다. 저는 시간이…'라고 멈춰 있다면 '저는 시간이'라는 문장은 완전한 문장이 아니기 때문에 지워야 한다.

생각하고 문장을 옮겨 적으면 문장을 짧게 쓸 수 있게 된다. 문장을 다 쓰고 첨삭을 할 때 문장을 '뜯어고치기' 시작하면 내용까지 바꿔야 하는 경우가 생긴다. 충분히 고민한 후에 문장을 작성하면 본인이 쓴 문장을 아끼기 시작한다. 자신이 쓴 글은 자신이 아껴야 한다. 이렇게 해야 자신이 쓴 글의 내용을 스스로 정확하게 알고, 말하고 싶은 부분을 정확하게 이해할 수 있다. 다음은 앞에서 구성한 내용을 바탕으로 한 문장씩 새롭게 쓴 자소서이다.

지금까지의 경험 중 상대방을 설득하여 목표한 것을 함께 이루었던 경험이 있다면 기술하여 주십시오. (700자 이내)

대학 4학년 응용 미생물학 팀 과제 때 일입니다. 팀원 중 3명이 4학년이었고 졸업연구로 바쁜 시기여서 4학년은 결과물을 좋게 하는 것만을 중시하며 기존의 관습대로 매뉴얼에 맞게 하기를 원했습니다. 저도 4학년에 속해 있었고 그래도 바쁘지만, 우리가 목표를 달성하기 위해서는 원칙대로 팀 과제를 해야 한다고 주장했습니다.

저는 시간이 많이 나지 않는다는 사실을 인지하고 있다는 내용을 전달하면서 시간을 관리할 수 있는 방법에 대해 요점별로 정리해서 이야기를 덧붙였습니다. 첫째, 개인적인 시간에서 한 시간씩만 빼서 참여할 수 있다는 내용과 둘째, 일주일에 한 번씩 만나서 오래 있기보다는 일주일에 세 번 정도로 만나는 횟수를 늘리고 짧은 시간 회의를 제안했습니다. 더 나아가 불만이 생길 것을 우려하여 정확한 일의 분업을 제안했습니다. 4학년은 노하우와 지식이 있었기 때문에 기존의 매뉴얼과 현재 우리 팀의 작업에 대한 비교 분석과 자료 수집을 맡았습니다. 그리고 후배들은 이런 지식을 토대로 PPT 작성과 발표 연습을 맡도록 제안했습니다. 4학년들에게는 어려운 주제가 아니었기 때문에 쉽게 승낙을 하였고, 후배들도 새로운 과제였기 때문에 모두 승낙을 할 수 있었습니다. 중간에 지식에 대한 원활한 소통이 되지 않았을 때를 대비하기 위해 의사소통처를 하나로 일원화하였습니다. 그 결과 팀원들 모두 만족한 결과물을 얻을 수 있었습니다.

 종혁쌤's 가이드

여기까지의 방법으로 작성한 자소서가 완성된 자소서를 의미하는 것은 아니다. 자신의 글을 다시 한번 고치는 과정이 필요하다. 다시 고친다는 말은 '다시 쓰자'라는 말이다. 수업을 할 때 다시 쓰자는 말을 하면 합리적인 글쓰기가 아니라고 생각하는 경우가 많다. 여기에서 유시민 작가의 말을 빌리고 싶다. "시와 소설을 쓰는 작가들도 재주가 아니라 삶으로 글을 쓴다고 말한다. 시사평론과 칼럼, 논술문과 생활 글은 더 그렇다. 은유와 상징이 아니라 사실과 논리로 마음과 생각을 표현하기 때문이다. 기술은 필요하지만 기술만으로 잘 쓸 수는 없다."라는 말이다. 즉, 글쓰기에 귀찮음과 합리적이고 약식적인 방법은 없다고 말한다. 이 말에 필자는 전적으로 동의한다. 자소서 또한 글쓰기이다. 글쓰기에 왕도는 있을 수 없다. 합리적이고 약식적인 방법이라고 생각하지만 그것이 절대 합리적이지 않음을 알아야 한다.

6. 어색한 문장에 코멘트 쓰기

이 부분을 헷갈려 하는 사람들이 많다. 문장을 고친다고 생각하는 경우가 있는데, 문장을 고치는 것이 아니라 문장마다 자신의 생각을 쓴다고 생각하면 된다. 예를 들어, '문장이 너무 긴 것 같은데?', '단어가 중복되어 이상한 것 같아.' 정도로 쓰면 된다. 다음을 보면서 계속 살펴보자.

> **지금까지의 경험 중 상대방을 설득하여 목표한 것을 함께 이루었던 경험이 있다면 기술하여 주십시오.** (700자 이내)
>
> 대학 4학년 응용 미생물학 팀 과제 때 일입니다.('때'라고 하는 것이 이상한데?) 팀원 중 3명이 4학년이었고 졸업연구로 바쁜 시기여서 4학년은 결과물을 좋게 하는 것만을 중시하며 기존의 관습대로 매뉴얼에 맞게 하기를 원했습니다.(상황을 나타내주는 부분이 너무 길어. 문장을 나누는 게 좋을 것 같아.) 저도 4학년에 속해 있었고 그래도 바쁘지만, 우리가 목표를 달성하기 위해서는 원칙대로 팀 과제를 해야 한다고 주장했습니다.(문장이 이상하군. 목표도 나오지 않았어.)
>
> 저는 시간이 많이 나지 않는다는 사실을 인지하고 있다는 내용을 전달하면서 시간을 관리할 수 있는 방법에 대해 요점별로 정리해서 이야기를 덧붙였습니다. 첫째, 개인적인 시간에서 한 시간씩만 빼서 참여할 수 있다는 내용과 둘째, 일주일에 한 번씩 만나서 오래 있기보다는 일주일에 세 번 정도로 만나는 횟수를 늘리고 짧은 시간 회의를 제안했습니다. 더 나아가 불만이 생길 것을 우려하여 정확한 일의 분업을 제안했습니다. 4학년은 노하우와 지식이 있었기 때문에 기존의 매뉴얼과 현재 우리 팀의 작업에 대한 비교 분석과 자료 수집을 맡았습니다. 그리고 후배들은 이런 지식을 토대로 PPT 작성과 발표 연습을 맡도록 제안했습니다. 4학년들에게는 어려운 주제가 아니었기 때문에 쉽게 승낙을 하였고, 후배들도 새로운 과제였기 때문에 모두 승낙을 할 수 있었습니다.('승낙'이라고 하는 부분이 겹치는 것 같아.) 중간에 지식에 대한 원활한 소통이 되지 않았을 때를 대비하기 위해 의사소통처를 하나로 일원화하였습니다. 그 결과 팀원들 모두 만족한 결과물을 얻을 수 있었습니다.

 종혁쌤's 가이드

위와 같이 작성된 자소서에서 무엇을 고치는 것이 아니라 괄호 안의 글자처럼 자신의 생각을 쓰면 된다. 이렇게 하면 '그냥 문장을 바로 고치면 되지 않을까?'라고 생각하는 사람들이 있을 것이다. 하지만 문장 전체를 고치기 시작하면 문장 간의 연결이 부자연스러워져서 애초에 잡아놓은 구성이 흐트러질 가능성이 높다. 그러므로 먼저 이 작업을 하고 문장을 고쳐 쓰는 방법을 통해 좋은 자소서를 쓰길 바란다.

7. 작성한 글 고쳐 쓰기

자소서를 고쳐 쓸 때는 자신이 적은 글을 보면서 고치는 것이 중요하다. 보고 쓸 때 좀 더 빨리 쓸 수 있기 때문이다. 직접 고쳐 써보면 알겠지만, 생각보다 어렵지 않다. 우리는 글 쓰는 것에 대한 두려움을 가지고 있기 때문에 고쳐 쓴다는 것이 부담이 될 수도 있다. 하지만 글은 단락 내에서 고치는 것보다 전체적으로 고쳐 쓰는 것이 더 쉽다는 것을 자신이 적은 글을 보면서 한 번만 해보면 알 수 있을 것이다.

> **지금까지의 경험 중 상대방을 설득하여 목표한 것을 함께 이루었던 경험이 있다면 기술하여 주십시오.** (700자 이내)
>
> 대학 4학년 응용 미생물학 팀 과제에서 일어난 일이었습니다. 팀원은 4학년 3명과 3학년 3명으로 나뉘어 있었습니다. 우리 팀의 목표는 4학년이 3학년에게 지식 및 기술을 가르쳐 주어 팀워크를 이끌어 내는 것이었습니다. 하지만 4학년은 졸업연구와 겹쳐있었기 때문에 내려오는 족보만 주고 자신들은 졸업연구에 매진하겠다는 내용을 밝혔습니다. 저도 졸업연구가 있었지만 그렇게 해서는 안 된다고 주장했습니다. 3학년들 역시 4학년들의 지도를 받고 싶어 했습니다.
>
> 저는 시간이 많지 않다는 사실을 인지해야 한다고 먼저 설명했습니다. 그리고 시간을 관리할 수 있는 방법에 대해 요점별로 정리했습니다. 첫째, 개인적인 시간에서 한 시간씩만 빼서 참여하자는 내용이었습니다. 둘째, 일주일에 한 번씩 만나 오래 있는 것보다 일주일에 세 번 정도로 횟수를 늘려 회의를 진행하자는 내용을 제안했습니다. 더 나아가 불만이 생길 것을 우려하여 정확한 일의 분업을 제안했습니다. 그리고 원활하게 소통이 될 수 있도록 의사소통처를 하나로 일원화시켰습니다. 4학년은 노하우와 지식이 있었기 때문에 비교 분석과 자료 수집을 맡았습니다. 그리고 자료를 토대로 3학년은 PPT 작성과 발표 연습을 맡았습니다. 4학년과 3학년 모두 저의 제안에 만족하였고 그 결과 단 한 명의 낙오자나 불만 없이 과제를 처리할 수 있었습니다.

지금까지 작성한 글을 고쳐 써보면 위와 같은 결과물이 나온다. 이렇게 고칠 때 주의할 점은 글자 수를 생각하지 않고 적어야 한다는 것이다. 위의 내용을 살펴보면 알 수 있듯이 처음에 고치려고 한 부분보다 더 많은 것을 고쳤다는 것을 알 수 있다. 또한 문장의 구성도 부분적으로 바뀐 것이 보인다. 작성한 글을 전체적으로 고쳐 써야 하는 이유가 여기에 나온다. 글은 구성력, 문장력을 모두 갖춰야 한다. 하지만 문장만을 고치게 된다면 구성력을 잃어버릴 수 있다. 그렇기 때문에 전체를 고쳐 써야 하는 것이다. 이제 글자 수를 줄이는 일만 남았다.

8. 글자 수 줄이기

글자 수를 줄이는 가장 단순한 방법은 다시 써보는 것이다. 이게 무슨 말인가 할 수도 있겠지만, 말과 글은 쓰면 쓸수록 줄어들게 되고, 편리성과 경제성을 따지게 되기 때문에 글자 수를 줄인다고 생각하면서 자소서를 다시 쓰면 분명 글자 수는 줄어들게 된다. 예를 들어 위의 자소서는 공백포함 666자, 그리고 1,142byte인데, 이것을 다시 쓸 경우 글자 수가 어느 정도까지 줄어드는지 확인해 보자.

지금까지의 경험 중 상대방을 설득하여 목표한 것을 함께 이루었던 경험이 있다면 기술하여 주십시오. (700자 이내)

대학 4학년 응용 미생물학 팀 과제에서 일어난 일이었습니다. 팀원은 4학년과 3학년 각각 3명씩으로 나뉘어 있었습니다. 우리 팀의 목표는 도제식 교육으로 4학년이 지식과 기술을 가르쳐 주어 팀워크를 이끌어 내는 것이었습니다. 하지만 4학년은 졸업연구와 겹쳐 있었기 때문에 족보만 주고 졸업연구에 매진하겠다는 주장을 했습니다. 저도 졸업연구가 있었지만 안 된다는 주장을 했습니다. 3학년들 역시 지도를 받고 싶어했고, 원칙을 따라야 한다는 생각이었습니다.

저는 먼저 시간이 많지 않다는 사실을 인지하고 시간을 관리할 수 있는 방법에 대해 요점별로 정리를 했습니다. 첫째, 일주일에 한 번씩 만나 오랜 시간을 보내는 것보다 개인적인 시간에서 한 시간씩만 빼서 일주일에 세 번 정도 자주 만나 회의를 진행하자는 내용이었습니다. 둘째, 불만이 생길 것을 우려하여 일의 분업을 제안했습니다. 4학년은 비교 분석과 자료 수집을 맡았고, 3학년은 자료를 토대로 PPT 작성과 발표 연습을 제안했습니다. 셋째, 원활한 의사소통이 될 수 있도록 의사소통처를 일원화했습니다. 저의 구체적인 제안에 모두들 만족하였고, 그 결과 단 한 명의 낙오자나 불만 없이 과제를 처리할 수 있었습니다.

위의 자소서는 다른 어떤 생각도 하지 않고 글자 수를 줄인다는 생각만으로 다시 쓴 글이다. 공백포함 666자인 것이 598자로 줄어들었고, 1,142byte가 1,024byte로 줄었다. 이 작업을 통해 느슨한 그물과 같이 되어 있던 글이 좀 더 촘촘하게 만들어진다. 이와 같은 작업이 끝나게 되면 다음 PART를 참고하여 글자 수를 좀 더 효율적으로 줄이는 방법에 대해 고민해야 한다.

시간을 아껴주는

자소서 작성 연습 노트

📝 청킹다운(자소서 항목 분석)하기

자소서 항목을 기재해 주세요.

❶ 단어 정의하기

1. _____

2. _____

3. _____

4. _____

5. _____

6. _____

7. _____

❷ 청킹다운(자소서 항목 분석)

1. _____

2. _____

3. _____

4. _____

5. _____

6. _____

7. _____

자소서 항목을 기재해 주세요.

❶ 단어 정의하기

1. _____

2. _____

3. _____

4. _____

5. _____

6. _____

7. _____

❷ 청킹다운(자소서 항목 분석)

1. _____

2. _____

3. _____

4. _____

5. _____

6. _____

7. _____

분석한 항목에 경험과 생각 작성하기

1. _____

2. _____

3. _____

4. _____

5. _____

6. _____

7. _____

✍️ 한 문장씩 새롭게 쓰기

자소서 항목을 기재해 주세요.

자소서 항목을 기재해 주세요.

📝 작성한 글 고쳐 쓰기

자소서 항목을 기재해 주세요.

_____

_____

_____

_____

_____

_____

자소서 항목을 기재해 주세요.

_____

_____

_____

_____

_____

_____

📝 글자 수 줄이기

자소서 항목을 기재해 주세요.

자소서 항목을 기재해 주세요.

PART

세련된 문장 쓰는 법

---

1 문장이란?

2 문장의 구성요소

3 좋은 문장 쓰기

4 셀프 첨삭하기

1 ▷ 문장이란?

좋은 문장은 무엇이고 나쁜 문장은 무엇인가? 문장을 공부하는 이유는 자신만의 문체를 가지기 위함이다. 자소서는 자신만의 문체를 가지는 것이 중요하다. 자신만의 문체를 가지고 있어야 자신이 하고 싶은 말을 정확하게 할 수 있다. 문장은 자소서 작성에 가장 기초적인 요소이다. 또한, 자소서를 쓰는 데 있어 중요한 부분을 강조하고 보다 더 세밀한 자소서를 쓸 수 있게 마지막까지 돕는 요소도 문장력이다. 그러므로 문장은 좋은 자소서를 쓰기 위한 조건 중 하나라고 말할 수 있다.

문장이란 무엇인가? 한 편의 자소서는 문장의 집합이라고 이야기할 수 있다. 모든 자소서는 문장으로 만들어져 있다. 문장은 단어들의 결합체이자 단락을 구성하는 요소라고 할 수 있다. 결국 글은 문장의 집합이며, 문장은 하나의 완전한 의사를 가지는 단어의 모임이다. 하나의 문장을 이루지 못하는 단어들은 의미를 가지지 못하는 단어에 지나지 않는다. 예를 들어 '나', '너', '순간' 등의 단어들은 어떠한 의미도 지니지 않는 것이다.

문장이 무엇인지 알아보는 이유는 문장을 통해 하나의 글을 만드는 것이 중요하기 때문이다. **문장이 모여서 하나의 이야기가 만들어지는데, 그 안에서 자신만의 문체를 형성할 수 있다.** 그래서 문장론을 공부한 사람은 문장론을 공부하지 않은 사람에 비해 자신의 언어를 통해 자신의 생각을 표현하는 능력이 뛰어나다. 자소서의 본질을 생각해 보자. 지금까지 우리가 배운 것을 종합해 보면 자소서란 주어진 조건하에서 자신만의 생각과 스토리를 자신만의 언어로 적어내는 것을 의미한다. 결국 **자소서는 '글'이라는 표현 방법으로 다른 사람에게 자신의 스토리를 알려주는 것**이라고 할 수 있다.

그렇다면 글은 무엇인가? 언어학자인 로만 야콥슨은 "어느 정도의 스토리를 가지고 있는 글은 일상 언어를 파괴하는 것이다."라는 표현을 했다. 필자는 이 말에 매우 동감한다. 글은 일상 언어의 파괴이다. 일상 언어는 우리가 흔히 관계를 맺거나 사회에서 사용되는 것을 지칭한다. 일상 언어를 잘하는 사람들은 어느 정도의 '격'을 가지고 있다. 즉, 일상 언어의 '격'을 알고 있고 사용할 수 있어야 스토리를 가진 짧은 자소서를 쓸 수 있는 능력이 생기는 것이다. 이 '격'이라고 하는 것이 바로 '문장의 쓰임'이라고 하는 것이다. 좋은 자소서와 아닌 것의 판단 근거는 문장력이다. 문장력을 키우는 것은 자소서를 쓸 때 '화룡점정(畵龍點睛)'을 할 수 있는 능력을 키우는 것이라고 할 수 있다.

좋은 문장력을 오해하고 있는 사람들이 많다. 첫 번째는 관용적인 표현을 많이 써야 문장력이 좋다고 생각하는 경우이다. 하지만 관용적인 표현은 환유적, 은유적 표현으로 소설이나 시에서 많이 쓰는 표현이므로 자소서에서는 그리 좋은 표현이 아니다. 두 번째는 이전과는 전혀 다른 새로운 표현을 사용해야 좋다고 생각하는 경우이다. 하지만 어떤 글을 보더라도 아주 새로운 표현, 촌철살인의 표현을 찾아보기 어렵다. 앞에서 이야기했듯이 문장은 여러 단어들의 조합이므로 식상한 단어라고 하더라도 문장이 정확하면 읽는 사람들에게 편안함을 줄 수 있다. 오히려 문장이나 단어가 튀면 읽는 사람이 불편할 수도 있으므로 아주 새로운 표현을 해야 한다는 생각은 지워버려야 한다.

그렇다면 이쯤에서 '문장력을 어떻게 기를 수 있지?'라는 생각이 들 것이다. 일단 가장 중요한 것은 **어휘력**이다. 어휘력을 기르는 방법은 여러 가지가 있다. 혹자들은 책을 많이 읽어야 한다고 이야기하기도 하고, 사전을 찾아보는 습관을 들여야 한다고 이야기하기도 한다. 하지만 필자가 가장 중요하게 생각하는 방법은 **입말(구어체)을 살리는 방법**이다. 입말을 살린다고 하는 것은 말을 하듯이 글을 쓰는 것이다. 말은 항상 살아있는 어휘이다. 우리가 글을 못 쓰는 가장 큰 이유는 자신이 말하는 것과 글을 쓰는 것이 다르기 때문이다. 문장은 우리가 생각하는 것, 상상하는 것을 그대로 옮겨 적는 행위라고 할 수 있다. 이 책의 앞에서 한 모든 말들은 사고를 확장하는 방법이다. 사고를 확장했다면 응당 말이 많아진다. 생각이 넘쳐나는 사람들의 특징이다. 이때 내가 생각하고 있는 것들을 모두 고스란히 내뱉을 수 있다면 그 뒤에 기술이 자리 잡는 것이다. 우리는 자소서를 쓸 때 처음부터 무엇인가를 감추려고 한다. 그렇기 때문에 우리가 자소서를 못 쓰는 것이다. 자신의 생각도 제대로 내뱉지 못하는데 어떻게 기술적으로 글을 쓸 수 있겠냐는 말이다.

그래서 자소서를 쓰는 데 몇 가지 버려야 할 생각이 있다. 일단 글과 자소서를 구분하지 말아야 한다. '자소서가 무슨 글이야?'라고 생각하는 사람들도 있지만 오히려 아주 함축적으로 조건에 맞춰 쓰는 것이기 때문에 많은 기술이 필요한 글이라고 할 수 있다. 그러므로 자소서와 글을 구분하지 않아야 하는 것이다. 이렇게 이야기하면 "글은 아무나 쓸 수 없는 것 아냐? 약간의 재능이라도 있어야 하는 것이잖아."라는 말이 돌아온다. 하지만 글을 쓰는 대다수의 사람들은 재능이 없다. 여러 가지의 노력을 통해 지금의 그들이 있는 것이다. 그렇기 때문에 자소서를 쓸 때에도 자신의 시간과 노력을 투자해야 한다는 점을 명심해야 한다.

또한 좋은 자소서를 쓰기 위해 '다독(多讀), 다작(多作), 다사(多思)'를 해야 한다고 강조한다. 물론 많이 읽고, 많이 쓰고, 많이 생각하는 것이 나쁜 것이 아니다. 그런데 얼마만큼 많이 읽고, 얼마만큼 많이 쓰고, 얼마만큼 많이 생각해야 좋은 자소서를 쓸 수 있는지를 모른다. 예를 들어 필자가 가장 많이 들어본 말이 "저는 저번 시즌에 자소서 50개를 썼는데 다 떨어졌어요."라는 말이다. 분명 많이 썼다. 아마 소설이나 시를 50번 정도 썼다면 등단을 하고도 남았을 것이다. 결국 이 말은 자소서라는 틀에서 생각을 제한하고 썼다는 증거가 된다. 생각해보라. 떨어진 자소서를 가지고 우리는 다시 돌려막기를 하고 있다. 이는 결코 좋은 방법이 아니다. 좋은 문장을 가지고 제대로 글을 쓸 수 있어야 좋은 자소서가 나올 수 있다.

당나라 최고의 문장가 한유는 "豊而不餘一言 約而不失一辭(풍이부여일언 약이부실일사)"라고 말했다. 이 뜻은 "풍부하되 한 글자도 남아서는 안 되고, 간략하나 한 마디도 빠뜨려선 안 된다."는 말이다. 정말 조건에 맞추어 다 이야기하되 간략하게 적는 것, 바로 이것이 자소서의 문장이다.

◇2 문장의 구성요소

문장의 구성요소는 크게 주성분, 부성분, 독립성분으로 구분된다. 주성분은 주어, 서술어, 목적어, 보어가 있고, 부성분으로는 관형어, 부사어가 있다. 독립성분으로는 독립어가 있다. 그렇다면 주어, 서술어, 목적어, 보어는 무엇일까? 다음 문장을 보자.

> **주성분 내용**
> - 나는 취업 준비생이다. (주격 조사: 은, 는, 이, 가)
> - 나는 취업 준비를 한다. (목적격 조사: 을, 를)
> - 나는 직장인이 아니다. (서술어가 되다/아니다 의 경우 그 앞에 위치하는 것을 보어라 한다.)

첫 번째 문장에서 주어는 '나는'이다. '취업 준비생이다.'는 서술어이다. 두 번째 문장에서 '취업 준비'는 목적어이다. 세 번째 문장은 '직장인'이 보어이다. 주성분은 문장을 이루는 데 있어 필수적인 요소를 일컫는다. 우리말에서는 주어와 서술어만 있으면 완전한 말이 이루어진다. 하지만 서술어의 성격에 따라 목적어나 보어를 필요로 하는 경우가 있다. 그래서 주어, 서술어, 목적어, 보어가 주성분이 되는 것이다. 이 중에서 가장 중요한 것은 '서술어'이다. 문장에서 목적어와 보어를 필요로 하는지의 여부는 서술어에 따라 달라진다. 서술어가 무엇인가에 따라서 목적어와 보어 없이 주어와 서술어로 완전한 문장이 될 수도 있고 아닐 수도 있기 때문이다. 그래서 서술어의 성격에 따라서 완전한 문장을 구성하는 요소가 달라지므로 한국어는 서술어 중심의 언어라고도 할 수 있다. 서술어가 될 수 있는 것은 형용사나 동사, 서술격 조사인 '이다'가 있다. 우리말이 영어와 다른 것은 형용사라도 서술어가 될 수 있다는 것이다.

주어 같은 경우는 보통 주격 조사 '이, 가'가 붙어서 사용되거나, '은, 는'의 보조사가 결합해서 주어가 될 수 있다. 주어의 특성 중 하나는 이중 주어가 있다는 것이다. 예를 들어 "나는 머리가 좋다."라는 문장을 살펴보면 '나는'과 '머리가'라는 것이 주어가 된다. 또한 주어는 문장에서 잘 생략된다는 특징이 있다. 예를 들어 "밥 먹었니?"라는 문장은 '너는'이라는 주어가 생략된 문장이다. 이런 문장은 구어체에서 많이 나타나지만 글을 쓸 때 주어가 반복되면 지루할 수 있기 때문에 일부러 생략하는 경우도 있다. 그 외에 목적어는 '을, 를'이 붙어서 사용되며, 보어는 서술어가 되다와 아니다일 경우 그 앞에 위치한다.

다음으로 부성분을 살펴보자. 부성분은 '관형어'와 '부사어'로 문장을 좀 더 생동감 있고 풍부하게 묘사하기 위해 필요하다. 부성분은 자소서에서 자신의 경험을 쓸 때 좀 더 효과적으로 표현할 수 있는 부분이기도 하다. 그렇지만 너무 자주 사용하면 글이 지루하게 느껴질 수도 있으니 적절하게 사용하는 것이 중요하다.

부성분 내용
- 관형어: 저는 옛 스승을 만났습니다. ('옛'의 품사: 관형사)
- 부사어: 그는 키가 무척 컸습니다. ('무척'의 품사: 부사)

위의 두 문장에서 '옛'은 관형어이고, '무척'은 부사어이다. 부성분은 단순히 의미를 전달하기 위해 필요한 것이 아니라, 좀 더 생동감 있는 감정을 전달하기 위해 필요한 성분이다. 문법적으로 살펴보면 체언을 꾸며주는 것이 관형어이고 서술어를 수식하는 것이 부사어이다. 관형어와 부사어에는 여러 가지 형태들이 있다. 관형어의 형태에는 관형사, 체언, 혹은 체언과 관형격 조사 '-의'가 결합된 것, 용언과 관형사형 어미 '-ㄴ, -은, -는'이 결합된 관형사절의 형태가 있다. 예를 들어보자.

- 저는 옛 스승을 찾아갔습니다.
- 저는 전공 스터디 모임에 나갔습니다.
- 저는 ○○학원의 수업을 듣습니다.
- 저는 표지가 예쁜 책만 읽습니다.

위의 '옛'은 스승을 꾸며주는 관형사로 품사도 관형사이다. 두 번째 문장은 '스터디'라는 것이 체언, 즉 명사이고 그 체언을 꾸며주는 '전공'이라는 표현이 관형어라고 할 수 있다. 세 번째 문장에서 ○○학원과 수업 사이에 '-의'라는 관형격 조사가 붙어 ○○학원이 관형사가 된다. 마지막 문장에서 '책'을 꾸며주는 '표지가 예쁜'이라는 말도 관형어구로 작용할 수 있다. 결국 관형사는 무엇을 꾸며주는 역할을 한다고 볼 수 있다.

부사어도 여러 가지가 있다. 동사와 형용사의 서술어를 꾸며주는 것과, '-에'라는 부사격 조사, 부사격 조사 와 '그'라는 단어가 붙어 부사구를 이룬다. 하지만 여기에서는 부사어를 생략하려고 한다. 자소서를 쓸 때 가장 필요 없는 것이 부사어이기 때문이다. 화려한 문장을 쓸 때는 가장 필요한 성분이지만 자소서의 문장 은 간결해야 하기 때문에 이 부분은 생략하도록 한다.

독립성분 또한 생략한다. 구어체나 '호어(부르는 말)'를 쓸 때는 필요한 성분이지만, 자소서에서는 전혀 필 요없는 성분이기 때문에 생략하는 것이다.

자소서에서 가장 중요한 것은 주성분이다. 주성분에 대해서만 정확하게 알고 있어도 자소서를 충분히 쓸 수 있다. 단, 우리말의 기본 문형은 알고 넘어가자.

그다음으로 문장을 세분화했을 때 어떤 단위로 이루어지는지 알아야 한다. 먼저 음소, 음절, 낱말, 어절, 문장에 대해 알아보자. 음소는 음을 낼 수 있는 최소 단위로 '음'이라는 단어에 음소는 'ㅇ + ㅡ + ㅁ'이다. 음절은 '음 + 절'이라고 보면 된다. 낱말은 '음절' 자체를 이야기하고 어절은 조사가 붙어 어떤 문법적 의미가 있는지 알게 해주며, 문장은 이 모든 것을 합쳐 놓은 것이다. 이를 알아야 하는 이유는 구와 절을 알기 위해서이다.

'구'는 두 개 이상의 단어가 모여 하나의 품사 구실을 하는 것을 말한다. 예를 들어 '산책하는 것은 몸에 좋다.'라는 문장이 있다고 하자. 이때 '산책하는 것은'이 주어이고 '산책하는'과 '것'이 모여 주어라는 품사의 역할을 하기 때문에 이를 '구'라고 한다. '절'은 주어 + 동사의 형태로 문장의 일부를 구성하는 것이다. 예를 들어 '나는 그녀가 정직하다는 것을 알고 있다.'라는 문장이 있다고 하자. 이때 '그녀가 정직하다는 것을'은 목적어이고 이를 다시 분석해 보면 '그녀가'는 주어이고 '정직하다'는 서술어이므로 이를 '절'이라고 한다.

마지막으로 알아야 할 것은 '홑문'과 '겹문'이다. '홑문'은 주성분으로만 이루어진 문장을 말한다. 예를 들어 위에서 본 주성분으로 이루어진 네 가지 문장을 모두 '홑문'이라고 한다. '겹문'은 '안은 문장'과 '이어진 문장'이 있다. '안은 문장'은 명사절, 관형절, 부사절, 서술절, 인용절을 '홑문'안에 넣어 강조하는 문장이다. 예를 들어 '나는 공기업에 들어가는 것이 그토록 고통스러운 일임을 모르고 있었다.'라는 문장은 '그토록 고통스럽다.'라는 명사절을 안은 문장이다. '이어진 문장'은 대등하게 이어진 문장과 종속적으로 이어진 문장이 있다. 예를 들어 '나는 목이 말라서 맥주를 사 마셨다.'라는 문장에서 '나는 목이 마르다.'와 '맥주를 사 마셨다.'는 종속적(목이 마르니 맥주를 마신 것이므로)으로 이어진 문장이다. '유리는 밥을 사 먹고 상윤이는 빵을 먹었다.'라는 문장은 '유리는 밥을 먹었다.'와 '상윤이는 빵을 먹었다.'라는 문장이 대등하게 이어진 문장이라고 분석할 수 있다.

이렇게 '홑문'과 '겹문'을 알아야 하는 이유는 문장을 읽기 편하게 만드는 호흡을 주기 위해서이다. 자소서라는 짧을 글을 쓸 때는 대개 '홑문'만을 쓰는 경우가 많다. 그러나 자소서를 작성할 때 홑문과 겹문을 함께 쓰면 읽기가 편해지므로 좀 더 좋은 자소서를 쓸 수 있다.

입사 후 직장생활에 대한 본인의 가치관이 무엇인지 설명하여 주시고, 이를 가장 잘 나타내고 있는 인문분야 작품(도서, 영화, 미술, 음악 등)을 선정 후 그 이유를 기술하여 주십시오.

산업은행은 서민의 삶의 질을 높이고 경제활동을 원활하게 할 수 있도록 하는 회사입니다. 그러므로 산업은행에서 가장 필요한 것은 변화하는 금융산업에 대한 적응과 스스로 변화할 수 있는 의지가 필요하다고 생각합니다. 이는 저의 가치관인 '변화하는 삶과 배우려고 하는 의지를 가져야 나의 내일이 변화한다.'라는 가치와도 일맥상통합니다. 이런 가치관을 배운 문학작품이 있습니다. 그것은 바로 톨스토이의 <이반일리치의 죽음>이라는 책과 알베르 까뮈의 <이방인>이라는 책입니다. <이반일리치의 죽음>에서 주인공인 이반 일리치는 자신에게 어떤 이벤트도 일어나지 않았으면 하는 인물입니다. 그의 일상은 늘 같아야 하며, 다른 일이라도 생기면 굉장히 불쾌한 기분을 겪습니다. 이런 인물이 죽음을 맞이하게 되면서 자신의 삶을 후회하게 되고 끊임없이 살아있는 삶을 원하게 됩니다. 그때 나타나는 삶이 바로 'real-life'입니다. 주인공은 스스로 변화하고 삶을 택하는 것이 진정한 삶이라는 것을 그제서야 깨닫게 됩니다. <이방인>에서도 주인공인 뫼르소는 전형적인 현대사회의 젊은이들의 무기력함을 가지고 있습니다. 어머니가 죽음의 목전에서도 결혼을 하려고 하는 이유를 전혀 알지 못했고, 자신이 하는 태양 살인도 일종에 현대인이 가지고 있는 히스테리였습니다. 뫼르소도 역시 죽음의 목전에서야 어머니를 이해하게 되고, 자신이 어떤 것을 하고 싶은지에 대해 알게 됩니다. 저는 이런 문학작품을 읽으면서 끊임없이 변화하는 삶을 자세를 배우게 되었습니다. "오늘 아무것도 변화하지 않고, 내일 기적이 일어날 것을 바라는 것은 가장 멍청한 짓이다."라는 말처럼, 내일에 나를 기대하기에 지금 현재 변화하는 사회를 직시하고 읽어내며 저 또한 변화를 추구하면서 살아갈 것입니다.

가치관을 설명하는 부분에서 살펴보았던 이 자소서는 홑문과 겹문을 섞어가며 쓴 글이다. 정확하게는 짧은 문장과 긴 문장을 서로 섞어 쓰며 문장에 호흡을 주었다. 내용을 읽어보면 알겠지만 책에 대한 설명이 있으므로 표현하기 어렵다면 어려운 내용이라고 할 수 있다. 하지만 홑문과 겹문을 적절하게 섞어 표현함으로써 읽는 사람에게 좀 더 편안함을 준다.

3 좋은 문장 쓰기

1. 자소서에서 좋은 문장이란?

좋은 문장인지 아닌지를 판단하는 것은 사실 주관적인 기준에 따른다. 하지만 좋은 글은 누구도 부인할 수 없는 문장력을 보여준다. 글을 쓰는 사람이라면 누구나 좋은 문장을 쓰고 싶어 한다. 사실 좋은 문장을 쓰는 것은 그리 어려운 일은 아니다. 좋은 문장과 그렇지 못한 문장의 차이는 종이 한 장의 차이라고 할 수 있다. 문장력이란 얼마나 멋진 수사를 얼마나 많이 동원해서 현란하게 쓰느냐에 따라 판가름 되는 것이 아니다. 문장이란, 글을 쓰는 사람이 말하고자 하는 것들을 얼마나 오롯이 담아내고 있느냐에 따라 그 가치가 결정된다.

문장은 내용과 어울리는 형식으로 존재할 때 그 존재 가치가 최고조에 이른다. 아무리 현란한 문장이라도 내용과 어울리지 않는다면 '개 발에 편자'일 것이다. 또한 누구나 그 뜻을 알 수 있는 쉬운 문장이어야 하고 간곡한 의미를 지니고 있는 문장이어야 한다. 자소서에서는 자소서의 특성상 작성자의 감정을 많이 드러낼 수 없다. 그러므로 감정이 절제되어 있는 문장이 자소서에 좋은 문장이라고 말할 수 있다. 문장의 기본을 갖추고 있지 않은 상태에서 문장을 비틀지만 않는다면 좋은 문장을 쓸 수 있다.

자소서에서 좋은 문장의 기본 조건은 무엇일까? 첫 번째는 진솔하게 표현하는 것이다. 이 진부하기 짝이 없는 말이 첫 번째 조건이다. 그렇다고 이 말을 곧이곧대로 받아들이지는 말아야 한다. 지금까지 보아왔듯이 자소서는 우연의 사건들을 조건에 맞게 필연의 영역으로 만드는 글이다. 결국 자소서는 가공의 산물인 것이다. 그럼에도 불구하고 '진솔하게 표현하라'는 말과 조화를 이루어야 한다고 입을 모아 말한다. 진솔하게 표현하는 것에 대해 잘 생각해 보면 '진솔하다'라는 것은 태도의 문제이지 방법의 문제가 아니다. 누가 봐도 본인이 설득하지 않은 것을 설득했다는 태도로 우기면 안 된다는 것이다. 예를 들어보자.

> 저는 먼저 상대의 이야기를 경청하고 상대의 의견을 수렴한 다음 저의 주장을 이야기했습니다. 그 후 상대는 저의 주장을 이해해 주었고, 저의 말에 동조해 주었습니다. 저는 상대의 이야기를 경청하고 의견을 수렴한 것이 저의 설득의 힘이라고 생각합니다.

위의 문장을 살펴보면 내용이 전혀 앞뒤가 맞지 않는다. 자신이 설득을 한 방법에 대해서 이야기하고 있는 문장임에도 설득을 했다기 보다는 설득을 당한 것으로 보이기 때문이다. '설득'이라고 하는 것은 본인의 주장을 상대에게 납득시켰다는 것이다. 그런데 이 문장에서는 본인이 상대의 의견을 수렴했다는 말로 미루어 보아 '협상'에 가까운 행위를 한 것으로 보인다. 이것을 우기는 문장이라고 이야기한다. 즉 '진솔하게 표현하는 것'은 보편타당한 문장이라고 해도 무관할 것이다.

두 번째는 자신도 모르는 문장을 쓰면 안 된다는 것이다. 자소서를 써본 사람일수록 자신의 문장을 과시하기 위해서 그럴듯한 문장과 내용을 쓰는 경우가 많다. 멋진 문장, 아름다운 문장, 과시하는 문장만을 쓰게 되면 문장 자체에 함몰되는 경향이 생긴다. 그러면 본인 스스로도 알지 못하는 내용을 담은 문장을 남발하는 실수를 범하는 것이다. 결국 자신이 말하고자 하는 것을 무시한 채, 자신이 어떤 내용을 이야기하는지 인지하지 못한 채 글을 쓰는 오류가 생기는 것이다. 예를 들어보자.

> 저는 프로젝트를 진행하면서 저 스스로의 변화됨을 느꼈습니다. 스스로 변화할 줄 아는 사람만이 ○○공사의 인재가 될 수 있다고 생각합니다. ○○공사의 '변화하는 인재'의 가치를 실현하기 위해 저의 역량으로 매일 변화하는 인재가 되겠습니다.

회사의 인재상과 자신의 역량을 쓰는 항목에서 많은 사람들이 위의 문장과 같은 실수를 한다. 대부분 공공기관의 인재상은 추상적인 의미로 되어있다. 추상적인 의미이기 때문에 본인이 더 구체화해서 써야 한다. 그럼에도 정의해보지도 않고, 구체화하지도 않은 채 쓰면 위와 같은 현학적인 문장을 쓰게 되는 것이다. 자신이 어떤 이야기를 하고 있는지도 모른 채 말이다. 본인이 이해하지도 못하는 문장을 쓰고 있는데 어떻게 읽는 사람이 이해할 수 있겠는가?

세 번째는 자소서 문장을 작성하는 연습을 할 때 자신의 가슴 밑바닥에 있는 것까지 쓰는 연습을 해야 한다는 것이다. 이는 매우 조심스러운 부분이라서 필자가 수업에서는 사용하지 않는 방법이다. 하지만 내내 필자의 가슴 속에는 반드시 이 작업을 거쳐야 한다고 생각하고 있다. 필자가 학생들에게 자소서를 쓸 때 무조건 길게 자신이 하고 싶은 말을 다 써보라고 이야기한다. 그럼에도 자소서를 쓰는 학생들은 계속 그다음을 생각한다. 글자 수를 줄여야 하기 때문에 처음부터 경제적인 글쓰기를 하고 싶어 하는 것이다. 하지만 자신의 가슴 밑바닥에 자리 잡은 생각, 스토리를 한 톨도 남김없이 내뱉고 나서야 어떤 사건을 감춰야 하는지, 본인의 생각의 순서를 어떻게 해야 하는지를 알 수 있게 된다. 즉, 남김없이 보여준 다음에서야 감출 줄도 알게 되는 것이다. 그래서 최대한 길게 자신이 하고 싶은 말을 풀어 놓아야 자소서 항목에서 필요한 부분이 무엇인지를 알 수 있다. 자소서는 하나의 글쓰기 과정이다. 자소서를 쓰는 사람들은 내부에서 완성된 자소서를 끄집어내고 싶어 한다. 그러나 글쓰기는 우리의 내부에서 완벽하게 직조된 옷감을 꺼내는 것이 아니다. 자신의 이야기를 하나하나 실타래를 풀어내듯이 풀어내어야 제대로 된 글을 만들 수 있다.

마지막으로 좋은 문장을 위해서는 집중하여 관찰하고 세밀하게 써야 한다. 서정주 시인은 『국화 옆에서』를 쓰기 위해 사시사철 국화를 관찰했다는 유명한 일화가 있다. 이렇게 유명한 시인도 자신의 시 한 편을 쓰기 위해 국화를 일 년 내내 관찰하고 생각한다. 그런데 문장과 글에 초보인 우리가 아무 분석 없이 한 번에 글을 쓴다는 것은 말이 되지 않는다. 문장은 디테일해야 한다. 필자가 수업에서 늘 하는 말이 있다. "좋은 말,

우리가 느낌으로 알고 있는 말로 디테일을 '퉁'치지 마세요."라는 말이다. 문장은 디테일해야 하고, 분석적이어야 한다. 예를 들어보자.

> 저는 이 문제점을 조직원들과의 소통을 통해서 해결했습니다. 한 명씩 만나 속마음을 들어보고 소통을 하니 조직원들이 이해해 주고 그다음부터 원활한 과업이 진행되었습니다.

위와 같은 문장은 자소서를 쓰는 사람들의 80% 이상이 쓰고 있는 문장이다. '소통'이라는 표현은 우리의 사고를 가로막는 굉장히 형이상학적인 말이다. 문장에서 형이상학적인 표현은 사라져야 한다. '소통'을 '어떻게' 했는지를 작성해야 한다. 다음 문장을 살펴보자.

> 저는 이 문제점을 해결하기 위해 먼저 조직원들의 이야기를 수렴하기 시작했습니다. 그리고 불만사항과 요구사항을 나눠 정리하였습니다. 전체 의사에서 일반적으로 통용될 수 있는 부분을 적어 조직원들과 회의를 주관한 뒤 불만사항 개선과 요구사항에서 들어줄 수 있는 부분, 없는 부분으로 나눠 이야기하였습니다. 조직원들은 이 부분에 대해 이해하였고, 그 뒤부터 원활한 과업이 진행되었습니다.

이 문장은 같은 내용을 세분화하여 쓴 문장이다. 이렇게 쓰면 내용이 길어진다는 불만을 들을 수 있다. 하지만 전혀 걱정할 필요가 없다. 자소서는 한 항목당 한 번만 쓰는 것이 아니다. 여러 번 고치고 또 고쳐가며 자신의 문장 속에 있는 오류를 잡아내는 작업을 거쳐야 한다. 그때 자소서 문장을 줄일 수 있다.

2. 디테일한 문장 쓰기

모든 글의 백미라고 할 수 있는 것은 퇴고다. 퇴고는 **자신이 쓴 글을 좀 더 세련되게 만들어주는 역할을 한다.** 필자가 자소서 첨삭을 해주면서 가장 많이 듣는 말 중에 하나가 "제 문장이 어색한가요?"라는 말이다. 어떤 문장이든 문장을 다듬는 일에는 정답이 없다. 맞춤법이나 띄어쓰기처럼 맞고 틀리고를 따질 수 있는 문제가 아니기에 그렇다. 필자가 단지 내용상 어색하다는 이유로 손보고 다듬은 자소서가 본인의 손에 들어가면 본인이 작성하고자 했던 의도와는 다르다는 소리도 듣곤 하기 때문이다. 그러니 문장을 디테일하게 다듬는 일에 무슨 법칙이나 원칙 같은 것은 있을 수 없다. 수많은 자소서를 첨삭해 왔지만 필자가 글에 대해 가지는 생각은 하나이다. **글은 자신의 뜻을 정확하게 알 수 있는 본인이 직접 첨삭하고 문장을 다듬는 것이 가장 좋다.** 그래서 필자가 첨삭을 해줄 때도 내용에 대한 논리가 맞는지 아닌지 정도만 검사하는 경우가 많다.

여기에서 이야기하고 싶은 것은 분명히 자소서도 퇴고 작업을 거쳐 문장을 디테일하게 써야 한다는 것이다. 유명 작가들도 자신의 글을 여러 번 퇴고한다. 그런데 글에 초보인 우리가 퇴고 작업을 하지 않는다는 것이 이해가 되지 않는다. **퇴고를 하면서 본인이 쓴 글에 군살을 빼야 한다.** 우리는 생각보다 글에 군살이 많기 때문이다.

일단 '**적·의를 보이는 것·들**'이라는 공식을 기억하자. 접미사 '-적'과 조사 '-의', 그리고 의존 명사 '것', 접미사 '-들'은 문장 안에서 습관적으로 쓰일 때가 많다. 실제로 자소서를 첨삭할 때 '적, 의, 것, 들'만 빼도 문장이 줄어드는 효과를 볼 때가 있다. 우선 사전상 접미사 '-적'의 뜻은 다음과 같다.

> **-적**: '그 성격을 띠는', '그에 관계된', '그 상태로 된'의 뜻을 더하는 접미사

예를 들어 우리는 '경제적, 정치적, 사회적, 문화적'이라는 표현을 많이 사용한다. 연속으로 '-적'이라는 표현이 들어가면 보기 싫지만 그렇다고 무조건 다 뺄 수도 없다. 물론 국어에 없는 표현이라는 주장도 있지만 논리적 표현을 중요하게 생각하는 사람이기에 이 주장이 그리 설득적이지는 않다. 다만 쓰지 않아도 되는데 굳이 쓰는 습관은 고치는 것이 좋다. 아래의 단어들은 지원동기에서 많이 쓰이는 표현이다. 이 단어들을 고쳐보자.

> • 사회적 현상, 경제적 문제, 국제적 관계, 자유주의적 성향
> → 사회 현상, 경제 문제, 국제 관계, 자유주의 성향

'-적'이라는 표현만 지워도 훨씬 깔끔해 보인다. 그렇다고 뜻이 달라진 것은 아니라서 의미가 더 분명해진 것처럼 보인다. 이렇게 한 글자만 지워도 본인의 뜻을 더 분명하게 전달할 수 있는 것이 문장이다.

조사 '-의'도 마찬가지이다. 무조건 쓰지 말라고 할 수는 없다. 자신이 표현하고 싶다면 그렇게 할 수밖에 없을 것인데 쓰지 말라고 하는 것도 이상하지 않은가. 문제는 습관적으로 반복해서 쓰는 데 있다. 사람들은 말에 습관을 가지고 있다. 글도 마찬가지로 어떤 표현은 한 번 쓰면 그 편리함에 중독되어 자꾸 쓰게 된다. '**적·의를 보이는 것·들**'이 여기에 속한다. 아예 쓰지 말라는 것이 아니라 본인이 그 편리함에 중독된 것은 아닌지 살피라는 것이다. 가령 다음과 같은 문장은 어떤지 살펴보자.

> • 문제의 해결을 했습니다.
> • 문제 해결은 그다음의 일이라고 생각했습니다.
> • 모든 걸 혼자의 힘으로 해내야만 했습니다.
> • 우리들은 팀에서의 협력으로 인해 좋은 성적을 받게 되었습니다.

앞에 나열한 문장들은 '-의'를 빼도 전혀 이상하지 않다. 또한 '-의'를 빼는 대신 문장을 조금 다듬어 디테일한 문장으로 만들 수 있다.

- 문제 해결을 했습니다.
- 문제 해결은 그다음 일이라고 생각했습니다.
- 모든 걸 혼자 힘으로 해내야만 했습니다.
- 우리 팀은 팀 협력을 통해 좋은 성적을 받게 되었습니다.

이렇게 '-의'를 빼도 아무 문제가 없는 문장이라면 중독이라고 할 수밖에 없다. '-적'이나 '-의'를 반복해서 쓰는 이유는 습관이 들어서이거나 아니면 다른 표현을 쓰는 것이 귀찮아서일 것이다. 우리는 문장을 만들 때 많은 생각을 하지 않고 쓰는 경우가 많다. 습관적으로 편한 길을 택하면서 글을 쓰고 두 번 다시 보지 않는 잘못을 저지르는 것이다. 다음으로 의존명사 '들'을 살펴보자.

의존명사 '들'은 한자어로는 '等'에 해당하며 사전상 의미는 '두 개 이상의 사물을 나열할 때, 그 열거한 사물 모두를 가리키거나, 그 밖에 같은 종류의 사물이 더 있음을 나타내는 말'이다. 문제가 되는 것은 의존명사 '들'이 아니라 접미사 '-들'이다. 번역문을 많이 읽은 사람들은 복수를 나타내는 접미사 '-들'을 많이 사용한다. 예전에 번역가들이 '-들'을 많이 써서 나타난 현상이다. 이런 현상을 '재봉틀 원고'라고 부르기도 했다. '들들들'만 눈에 띄어 마치 재봉틀로 바느질하는 소리가 들리는 듯해서였다. 그만큼 우리말 문장에서 복수를 나타내는 접미사 '-들'은 조금만 써도 문장을 어색하게 만든다.

- 많은 관광지들을 돌며 느낀 점들이 많았습니다.
- 이 일들을 겪고 나서야 비로소 당연하게 느꼈던 것들이 모두들 소중한 의미들로 다가왔습니다.

한국어 문장을 이렇게 쓰는 경우는 드물다. 이렇게 글을 쓰는 사람은 대부분 번역문을 많이 접한 사람일 가능성이 있다. 복수형으로 쓰인 표현을 그대로 옮기다 보니 한국어 문장에도 '-들'을 붙이는 것이다. 여기에 익숙한 독자는 자신도 모르게 복수형 '-들'을 쓰는 경우가 많다. 자신도 모르게 버릇처럼 쓴 '-들'을 한국어 문장에 맞게 바꾸는 작업이 필요하다.

- 많은 관광지를 돌며 느낀 점이 많았습니다.
- 이런 몇 가지 일을 겪고 나서야 비로소 당연하게 느꼈던 것이 소중한 의미로 다가왔습니다.

고친 문장이 훨씬 낫지 않은가? 더군다나 관형사 '많은'으로 수식되는 명사에는 복수를 나타내는 접미사 '-들'을 붙이지 않는 것이 자연스럽다. '이 일들을'이라는 표현보다는 '이런 몇 가지'라는 복수형으로 바꾸는 것도 마찬가지이다. 그리고 앞에서 '일'이라는 부분이 복수이기 때문에 이와 호응되는 '느꼈던 것'과 '소중한 의미'도 복수로 나타날 수 있다.

의존명사 '것'은 어떠한가. 사전에서는 '것'을 '사물, 일, 현상 따위를 추상적으로 이르는 말', '사람을 낮추어 이르거나 동물을 이르는 말', '그 사람의 소유물임을 나타내는 말'이라고 정의하고 있다. 각각 '입을 것, 좋은 것', '못된 것, 자란 것', '내 것, 네 것'과 같이 쓸 수 있다. 문제가 되는 것은 '사물, 일, 현상 따위를 추상적으로 이르는 말'의 용례를 변형해서 쓸 때이다.

> 제가 살아 있다는 것에 대한 증거를 발견했습니다.

이 문장에서는 본인이 살아있다는 현상을 추상적으로 이르기 위해 '것'을 붙인 게 아니라, 명사절로 만들어 그럴듯한 주어로 보이게 하려고 붙인 것이다. 그러다 보니 '-에 대한'이 쓸데없이 들어가 버렸다. 물론 많은 글 중에서 자소서와 논술을 비교해보면 자소서에 '것'이 더 많이 들어가고 이 책처럼 어떤 정보를 주려고 할 때 '것'이 많이 쓰인다. '것'은 어떤 현상을 추상적으로 이르게 유도하여 문장을 조금 더 부드럽게 만들어 주는 역할을 하기 때문이다. 하지만 지나치게 많이 쓰는 것은 좋지 않은 결과를 가져온다.

> 상상하는 것은 즐거운 것이라고 말하는 것을 이해해주는 것에서부터 상대에게 한 발짝 더 다가가는 것을 시작할 수 있다는 것입니다.

위의 문장은 얼핏 보면 문제가 없어 보인다. 읽다 보면 리듬감이 느껴지기도 한다. 그러나 이렇게 계속 쓸 수 는 없다. 한 번 정도라면 강렬한 인상을 줄 수 있겠지만 늘 이렇게 쓴다면 장난처럼 보일 수도 있다. 특히 '것'은 중독성이 강하다. 심지어 문장이 '것'에서 시작해서 '것'으로 끝나는 경우도 많다. 자소서를 쓸 때 반복적으로 '것'을 사용하지 않도록 주의하고 '것' 대신 다른 표현을 사용해서 문장을 디테일하게 쓸 수 있도록 하자.

자소서는 엉덩이가 쓴다는 말이 있다. 오래 앉아서 자신의 글을 보고 집중해야 한 항목이라도 더 쓸 수 있다. 여기서 가장 강조하고 싶은 것은 '습관'이다. 글은 습관이다. 쓰면 쓸수록 발전할 수밖에 없다. 하지만 쓰지 않으면 글을 쓰는 능력은 퇴보될 수밖에 없다. 왜 자소서를 쓸 때마다 힘든지를 생각해 보면 알 수 있다. 취업 시즌이 오면 자소서를 20개에서 30개 정도 쓰면서 글 쓰는 실력이 늘어난다. 하지만 이내 취업 시즌이 끝나면 자소서를 쓸 일이 없어지니 글 쓰는 실력이 늘지 않는 것이 당연하다. 그래서 자소서는 한 항목이라도 매주 써보는 것이 좋다. 이것이 어렵다면 무엇인가 머릿속에 집어넣었을 때, 그것을 글로 써보는 것도 하나의 방법이다.

3. 오류 없는 문장 쓰기

긴 문장은 문법적으로 틀리기 쉬울 뿐만 아니라 읽는 사람을 혼란스럽게 한다. 문장은 짧게 쓸수록 뜻이 명확해진다. 물론 유명한 작가나 문필가 중에서도 긴 문장을 써서 글 멋을 내는 작가들이 더러 있지만, 그것은 문장에 숙련된 사람에게나 해당하는 이야기이다. 글을 얼마 써 보지 않은 대부분의 사람은 문장 연습의 걸음마 단계에 있다. 따라서 **문장을 짧고 정확하게 쓰는 것부터 연습해야 한다.** 문장을 길게 쓰다 보면 주술관계가 맞지 않아서 의미도 분명하게 전달되지 않는 경우가 많다. 몇 개의 문장으로 나누어 한 단락 정도로 구성해야 할 내용을 문장 하나에 갈무리해 놓았으니 난해하게 느껴지는 것이 당연하다. 같은 내용이라도 한 문장으로 표현하는 것과 여러 개의 단문으로 나눠 나타내는 것에 큰 차이가 있기 때문이다. 긴 문장은 산만하고 이해하기 어려우며 구조적으로 오류를 범할 가능성이 크다. 반면 짧은 문장은 간결하고 문장의 완결성을 갖추기 쉽다는 것을 알아야 한다.

> 길어서 불완전한 문장의 사례
> - **불완전한 문장**: 과거 일제 식민지였을 당시 그들이 우리의 역사를 왜곡시키고 은폐한 사실에 관심을 가지고 역사 공부를 하면서 새로운 사실들을 많이 알게 되면서 역사를 통해 우리의 미래를 예측할 수 있다는 사실을 알게 되었습니다.
> - **고친 문장**: 과거 일제 식민지였을 당시, 일본인은 우리의 역사를 왜곡시키고 은폐하였습니다. 그런 사실에 관심을 가지고 역사 공부를 하게 되었습니다. 그리고 새로운 사실을 알게 되면서 우리의 미래를 예측할 수 있다는 사실을 알게 되었습니다.

문장을 짧게 고쳐 써야 한다고 하면 문장을 화려하게 하고 싶은 욕망이 드는 경우가 있다. 또는 어떤 수식으로 꾸며서 내용을 부각시키고 싶어 하기도 한다. 결론부터 이야기하면 이런 방법은 없다. 문장이 아무리 화려하다고 해도 내용에 대한 부분이 충실하지 않다면 볼품없는 자소서가 된다. 소설을 보더라도 그렇다. 필자가 가끔 인문학 수업에서 이효석의 〈메밀꽃 필 무렵〉과 신경숙의 〈엄마를 부탁해〉 중에 어떤 것이 더 마음에 와 닿는가에 대해 물어보면 대부분 〈엄마를 부탁해〉를 택한다. 물론 이효석의 작품도 너무 훌륭한 작품이다. 문장도 화려하고 내용도 재미있지만 작품의 디테일이 조금 떨어지는 부분이 있기는 하다. 반면 신경숙의 작품은 이효석의 작품보다 문장의 화려함은 떨어지나 많은 독자의 공감을 이끌어 낸다. 이유는 감정선의 디테일과 사건의 조밀함 때문이다. 자소서도 마찬가지다. 아무리 문장이 화려하더라도 자신이 쓰고 있는 내용 자체가 부족하다면 보강할 수 있는 여력이 없다. 그래서 문장보다는 내용이 우선되는 것이고, 내용이 조밀하다면 좀 더 경제적인 문장으로 바꿔야 한다.

많은 사람이 자소서를 작성할 때 명언이나 명구를 활용하는 실수를 자주 저지른다. 또는 주위의 조언을 직접적으로 넣기도 한다. 이렇게 명언이나 명구를 넣기 전에 직접 인용과 간접 인용의 차이에 대해 먼저 알아야 한다. 또한, **명언이나 명구를 넣지 않는 것이 더 세련된 문장이라는 것을 알아야 한다.** 어떤 내용을 인용할 때는 직접 인용을 할 것인가, 간접 인용을 할 것인가를 확실하게 결정해야 한다. 그런 다음 직접 인용문은 큰따옴표로 묶고 간접 인용문은 연결어나 접속어 등을 사용하여, 자신의 주장이 아니라 인용한 내용임을 나타내 주어야 한다. 직접 인용문 뒤에는 '-이라고'를, 받침이 없을 때는 '-라고'를 쓴다. 간접 인용문 뒤에 '-이다'의 형태로 문장을 접속시키는 경우가 종종 있는데 이는 틀린 표현이다. 간접 인용에서 연결어는 '-이다'가 아니라 '-이라고'로 써야 한다.

> **직접 인용과 간접 인용의 사례**
> - **직접 인용**: 주위 사람들이 저에게 "너는 등불과 같은 사람이다."라는 말을 많이 합니다.
> - **간접 인용**: 주위 사람들은 저에게 등불과 같은 사람이라는 말을 많이 합니다.

자소서에 위의 사례와 같이 쓰는 경우도 있지만, 명언이나 명구를 쓰지 않는 것이 더 좋다. 자소서에서 가끔 '다른 사람이 본인을 어떻게 평가하는지에 대해 쓰시고, 그렇게 생각하는 이유에 대해 구체적으로 써주십시오.'라는 항목이 나오는 경우가 있다. 이런 경우에는 어쩔 수 없이 명언이나 명구를 써야 할 수도 있지만 특별한 이유 없이 단순히 좋다는 느낌만으로 명언이나 명구를 쓰면 안 된다. 글을 쓸 때 느낌만으로 쓰면 안 된다는 것은 너무나 당연할 뿐만 아니라 앞에서 분명 명시하였다.

4. 무의식적인 문장 습관 줄이기

우리는 문장을 쓸 때 구어체를 많이 쓴다. 오늘날의 글쓰기에서는 구어체가 독자에게 더 가깝게 느껴질 수도 있다는 이론 때문에 말하듯이 써도 무관하다. 또한 자소서의 서술어는 높임말을 쓰는 경우가 있기 때문에 구어체를 어쩔 수 없이 써야 한다. 그러나 이 두 가지는 문법의 범위 안에서 써야 한다. 사람마다 의식 없이 행하는 말버릇이 있다. 어떤 사람은 말 앞에 '저기요'를 붙이기도 하고 또 어떤 사람은 '그', '저' 등의 의미 없는 말을 습관적으로 사용한다. 이와 같이 **구어체로 말하듯 무심결에 글을 쓰다 보면 자소서에 의미 없는 문장들이 들어가게 되어 비경제적인 문장으로 자소서가 구성된다.**

특히 종종 읽는 사람을 불쾌하게 만드는 자소서가 있다. 같은 어휘가 자주 반복되는 자소서이다. 어휘가 반복되면 글쓴이의 무지와 무성의함이 동시에 느껴진다. **반복될 필요가 없는 같은 어휘를 여러 번 반복한 자소서는 결코 좋은 평가를 받을 수 없다.** 어휘 반복의 오류 중에서도 가장 심각한 것은 상투적인 접속사나 습관처럼 사용하는 어휘이다. 상투적인 어휘라는 것은 우리가 일상생활에서 예사로 사용하는 어휘를 말한다. 특히 자소서에 자주 쓰는 상투어에는 '역할', '느낌', '많이' 등이 있다. 상투어를 습관적으로 반복하여 쓰게 되면 읽는 채점자를 불쾌하게 만들기 때문에 삼가야 한다.

같은 어휘를 반복하는 사례

- **잘못된 사례**: 공기업의 역할이 더욱더 요구되고 있습니다. 그 많은 역할들 중에서도 특히 국민들의 관심을 모으는 것은 공기업의 사회적 역할입니다. 공기업의 사회적 역할을 바탕으로 ○○공사에서도 사회적 역할을 충실하게 하기 위해 노력하고 있습니다. 그러한 노력은 다양한 사회의 변화를 민감하게 바라보는 것입니다. 사회를 민감하게 바라보는 것으로 다양한 사회적 문제를 진단하고 고쳐 나가기 위해 노력하는 것으로 ○○공사는 사회적 역할을 다하고 있다고 생각합니다.

- **고친 사례**: 공기업의 역할이 중요해지면서 사회적 책임이 대두되고 있습니다. ○○공사에서는 사회적 역할을 충실하게 하기 위해 사회의 변화를 민감하게 진단하고 있습니다. 그리고 그 문제를 고쳐나가기 위해 노력하면서 ○○공사는 사회적 역할을 다하고 있습니다.

그리고 아무리 자소서라 하더라도 자기를 드러내기 위한 과장되고 추상적인 수식어는 기피해야 할 대상이다. 우리말은 감각적인 수식어가 발달되어 있다. 그래서 문학 작품을 쓰는 데 풍부한 어휘를 동원할 수 있다는 장점을 가진다. 그러나 자소서는 문학적인 것보다 설득적인 성격이 많은 글이다. 그러므로 자소서에서는 감각적이고 추상적인 수식어를 쓸 필요가 없다. 특히 은유적인 표현은 기피해야 한다. 은유하는 문장은 그 문장을 설명하기 위해 한 번 더 설명이 들어가기 때문에 중복되는 부분이 생기므로 중언부언하는 느낌을 줄 수 있기 때문이다.

과장되고 추상적인 수식어를 쓴 사례

- 마치 그 일을 한 순간 봄바람이 불어오는 것을 느꼈습니다.
- 부모님의 말씀은 마치 무엇으로 두드려 맞은 듯한 느낌이었습니다.

첫 번째 사례는 자신만 알고 있는 느낌을 가지고 쓴 문장이다. 은유적인 표현이므로 '봄바람'이 무엇을 의미하는지를 한 번 더 설명해야 하기 때문에 자소서가 길어질 수도 있고, 문장의 경제성을 해칠 수도 있다. 두 번째 문장은 직유법으로 쓴 문장이다. 오히려 부모님의 말씀을 직접 인용하여 넣거나 생략해도 뒤에 이유가 있다면 생략 가능한 문장이다. 결국 감각적인 문장은 문학이나 시에서만 어울린다. 자소서에서 문학적인 역량이 필요한 경우도 있다. 하지만 문장이 너무 화려하거나 감각적인 문장이 많이 들어가면 읽는 사람이 불편해질 수도 있다는 점을 명심하자.

④ 셀프 첨삭하기

아마 자소서를 쓸 때 머릿속에 가장 많이 남아 있는 것이 바로 글자 수일 것이다. 글자 수를 맞추는 작업은 자소서를 쓰는 과정에서 가장 화룡점정이라고 할 수 있다. 처음 자소서를 쓸 때 머릿속에 글자 수를 정해놓고 쓰면 절대 좋은 글, 세련된 글은 나올 수 없다. 자신이 하고 싶은 말을 다 하지 못하기 때문이다. 그러므로 자소서를 쓸 때 첫째로 명심해야 할 사항은 절대 글자 수를 머릿속에 입력하고 글을 쓰기 시작하지 말라는 것이다.

이런 이야기를 하면 글자 수를 맞추는 것이 너무 어렵다는 반응을 보인다. 결론부터 말하자면 당연히 어려운 일이다. 우리는 글을 쓸 때 '일필휘지(一筆揮之)'라는 환상에 사로잡혀 있다. 자소서는 마음만 먹으면 한 번에 쓸 수 있다고 생각한다. 그러나 가만히 생각해 보자. 과연 한 번에 써진 글이 있을까? 그 유명한 작가들도 고치고 다시 쓰기를 수십 번, 수백 번을 하는데 글에 대한 문외한이 한 번에 글을 쓴다는 것은 말도 안 되는 이야기이다.

우리가 자소서를 쓸 때를 떠올려보자. 일단 자소서 항목을 분석한다고 노트북을 보면서 가만히 있는 것이 수십 분, 그리고 노트를 꺼내 어떤 소재를 적을 것인지에 대해 나열하면서 하루에서 이틀, 마지막에 접수 시간이 다가오면 그제야 부리나케 쓰고 글자 수를 맞추겠다고 한 문장, 한 문단 자체를 과감하게 지워버리고 접수하게 된다. 이래서야 좋은 글을 쓸 수가 없다.

결국 글이라고 하는 것은 줄이는 동안 글이 다듬어지고 쓸데없는 말이 없어진다. 앞서 글의 경제성에 대해 간단하게 이야기한 적이 있다. 물론 글을 쓰면서 글의 경제성에 맞춰 쓰는 것도 좋은 결과를 가져온다. 그런데 글은 속으로 읽으면서 쓰기 때문에 구어체로 쓰기 쉽다. 구어체로 쓰다보면 조사, 형용사, 서술어 등이 얽혀 제대로 된 글쓰기를 할 수 없게 된다. 이런 오류를 잡아내기 위해 한 항목에 수십 번을 읽고 읽어 스스로 첨삭하는 연습이 필요하다. 예를 들어보자.

[의사소통능력] 자신이 속했던 조직(학교, 회사, 동아리 등) 안에서 자신과 의견이 다른 조직 구성원을 효과적으로 설득하거나 합의를 이끌어낸 경험이 있습니까? 당시 상황을 간략하게 요약하고 성공 요인이 무엇이라고 생각하는지 기술해 주십시오. (800byte 이내)

컨벤션 회사 인턴으로 근무할 당시, 제8회 동아시아 댐 기술교류회의를 기획 과정 중 예산 부족으로 손익분기점을 넘기기 힘들다는 판단이 나왔습니다. 논문집과 프로그램 북의 자체 제작으로 예산을 줄일 수 있을 것이라고 생각하고 제안했지만, 대리님과 과장님이 그건 불가능하다며 반대하셨습니다. 근거 있게 설득하기 위해 몇 년간의 논문집들을 검토하고, 인터넷으로 파워포인트로 만들 수 있는 디자인들을 수집하고 직접 만들었습니다. 논문집의 디자인들은 모두 기본적인 틀의 디자인이기 때문에, 제가 기존에 만들었던 파워포인트 발표 자료들과 수집한 디자인과 논문집을 비교하여 보여주며 디자인이 가능하다고 주장했습니다. 또한 야근을 감수한다면 기한도 충분히 맞출 수 있다고 설득했습니다. 저의 설득으로 대리님은 논문집과 프로그램 북 제작을 저에게 맡겼습니다. 대리님의 피드백을 받으며 수십 번의 수정을 반복한 결과 자체 제작 컨펌을 받을 수 있었습니다. 이를 통해 예산을 절감했고, 저의 태도에 상사분들의 신뢰를 얻었으며, 정신적으로도 기술적으로도 발전하는 계기가 되었습니다.

위의 자소서는 건강보험공단 자소서로 학생들이 가장 애를 먹는 자소서 항목 중 하나이다. 위의 자소서를 보면 몇 번을 고친 티가 나긴 하지만 뭔가 어색한 느낌을 지울 수 없다. 일단 첫 문장부터 첨삭해 보자.

컨벤션 회사 인턴으로 근무할 당시, 제8회 동아시아 댐 기술교류회의를 기획 과정 중 예산 부족으로 손익분기점을 넘기기 힘들다는 판단이 나왔습니다.

→ 컨벤션 회사 인턴 당시, '동아시아 댐 기술교류회의' 기획 과정 중 예산 절감에 대한 회의를 진행했습니다.

'컨벤션 회사 인턴으로 근무할 당시'를 '컨벤션 회사 인턴 당시'라는 말로 고치면 무려 8바이트 정도를 줄일 수 있다. 이렇게 한 글자씩 줄여나가는 작업이 바로 자소서를 첨삭하면서 글자 수를 줄이는 방법이라고 할 수 있다. 뒤의 문장도 첨삭해 보자.

논문집과 프로그램 북의 자체 제작으로 예산을 줄일 수 있을 것이라고 생각하고 제안했지만, 대리님과 과장님이 그건 불가능하다며 반대하셨습니다.

→ 회의 중, 저는 논문집과 프로그램 북의 자체 제작으로 예산을 줄일 수 있을 것이라고 제안했습니다. 그러나 다른 사원들은 논문집과 프로그램 북은 외주에 맡기고 투어 일정을 줄이자는 의견이었습니다.

이 문장은 더 길게 만들어졌다. 이상한 점이 있었기 때문이다. 일단 문장이 너무 길었고, 대리와 과장이 왜 반대했는지 나타나지 않아서 뒤에 나오는 본인의 스토리에 타당성이 부족했다. 바로 뒤에 나오는 문장인 '근거 있게 설득하기 위해'라는 말도 읽는 사람은 왜 이것이 근거 있게 설득하는 행위인지 모르는 경우가 발생한다. 그렇기 때문에 말을 좀 더 첨가한 것이다. 이렇게 되면 다시 글이 늘어나니 글자 수를 맞추기 더 힘들어질 것이라고 생각한다. 하지만 전체를 다시 상기시키면서 첨삭한 자소서를 다시 보도록 하자.

컨벤션 회사 인턴 당시, '동아시아 댐 기술교류회의' 기획 과정 중 예산 절감에 대한 회의를 진행했습니다. 회의 중, 저는 논문집과 프로그램 북의 자체 제작으로 예산을 줄일 수 있을 것이라고 제안했습니다. 그러나 다른 사원들은 논문집과 프로그램 북은 외주에 맡기고 투어 일정을 줄이자는 의견이었습니다. 저는 진행 전체를 생각해 중요한 프로그램인 투어 일정을 줄이면 안 된다고 했습니다. 설득을 위해 수백 권의 논문집을 검토하고 내용을 요약했습니다. 근거자료들을 가지고 일하는 시간을 늘린다면 기한도 맞출 수 있다고 설득했습니다. 저의 설득으로 논문집과 프로그램 북 제작 확정을 받을 수 있었습니다. 결국 예산이 절감되었고 행사를 성공리에 마쳤습니다. 제가 다른 분들을 설득할 수 있었던 것은 진행내용을 이해하고 가장 이익이 되는 것에 대해 선택한 다음, 근거자료의 제시를 통해 설득을 할 수 있었다고 생각합니다.

이 자소서가 완전하게 첨삭한 자소서이다. 실제로는 수십 번을 고쳐서 완성한 결과물이다. 조사, 서술어, 주어 등의 호응이 맞는지 처음 볼 때는 모르지만, 점점 심화되어 첨삭하면 할수록 본인의 문장 작성 실력도 점점 늘어난다는 점을 기억해두자.

일정을 줄이자는 의견 뒤에 원래는 '근거를 제시하기 위해'라고 했지만, 고친 글에서 '진행 전체를 생각해 중요한 프로그램인 투어 일정을 줄이면 안 된다'라는 말이 보편적이며 설득력 있게 다가온다. 그 뒤에 쓸데없는 문장도 없어졌다. '설득을 위해'라는 말로 앞의 말을 줄였고, 그 뒤 행동이 나오지만 전혀 어색하지 않으며 내용이 빠진 부분도 없다. 이래도 이해를 못 하겠다면 다음 자소서를 한 번 더 살펴보도록 하자.

위 자기소개서 내용 외에 본인을 소개할 내용이 있다면 추가로 작성해 주시기 바랍니다.

저는 에밀 아자르의 『자기 앞의 생』이라는 책을 통해 저의 사고를 확장한 경험이 있습니다. 이 책은 주인공 '모모'의 성장소설과도 같지만 모모가 자라고 있는 공간은 마치 유대인들의 'Getto의 공간'과도 같았습니다. 이 소설은 외부의 세계에서 보면 굉장히 비정상적인 공간과도 같은 곳에서 사회에서 터부시되는 이야기들을 마치 아무렇지도 않게 이야기하는 사람들의 말들이 섞여 있는 소설입니다. 소설 내에서 모모가 사는 공간 밖에 있는 사람들은 계속 비정상이라는 단어로 그들을 규정짓고 있습니다. 저는 이 소설을 보면서 정말 우리가 규정할 수 있는 것이 있을까에 대한 물음을 던졌습니다. 존엄사를 이야기하는 로자 아줌마, 성 정체성에 대해 이야기하는 로라라는 인물을 통해 우리 사회에서 터부시하는 것을 끄집어내는 이 소설은 저의 사고를 흔들어 놓기 충분했습니다. 4차 산업혁명이 도래되고 있는 작금의 시기에 이 소설은 아마 가장 필요한 소설이라고 생각합니다. 4차 산업혁명이 도래되면서 우리에게 가장 필요한 능력은 '사회적 공감능력'과 '창의력'입니다. 창의력은 사회적 공감능력으로부터 도래되고 사회에서 필요한 것이 무엇일지 늘 생각하는 능력이 필요하다고 생각합니다. 특히 앞으로 제조업의 과잉이 형성되면서 금융업은 한국 사회에 가장 중요한 산업으로 자리 잡을 것입니다. 금융업에서 거시적으로 가장 중요한 능력은 바로 '창의력'입니다. 다양한 금융상품을 조합하여 새로운 상품을 내어놓음으로써 소비자의 만족과 이익을 줄 수 있어야 합니다. 그러므로 지금까지의 금융상품을 넘어 새로운 금융상품을 개발할 수 있는 능력이 필요합니다. 저는 '창의력'이란 '나에게 금지된 것을 금지시켜라'라는 68혁명의 슬로건에서부터 나타난다고 생각합니다. 그러기 위해서는 늘 자기를 검열하고 새로운 것을 생각하기 위해 자신에게 진실해야 한다고 생각합니다. 저는 항상 제가 하고 있는 일이 어떤 관념에 갇혀서 하고 있지는 않는지 그리고 제가 하고 싶은 것인지를 항상 살펴봅니다. 그리고 또한 제 주변에서 일어나는 일들을 낯설게 보기 위해 항상 노력하고 있습니다.

위의 자소서를 읽어보면 무슨 이야기를 하고 싶어 하는 것 같기는 하지만, 그것이 무엇인지 정확하게 감을 잡기 힘들다. 앞서 작성한 자기소개서 내용 외에 본인의 생각이나 본인은 어떤 사람인지를 소개하는 내용을 적어야 하기 때문에 여기서 강조하고 싶은 내용이 '자신이 책을 많이 읽고 인문학적 사고를 한다는 것'인지, 아니면 '자신은 창의력을 가지고 있는 사람이라는 것'인지 전혀 감을 잡을 수 없다. 이럴 때는 좀 더 객관적으로 자신의 글을 볼 필요가 있다. 자신이 쓰고도 무슨 말을 하는지 알 수 없을 때는 자소서의 해체 작업이 필요하기 때문이다. 먼저 위의 자소서에서 하고 싶은 말을 정리해보면 다음과 같다.

1. 자기 앞의 생이라는 책을 읽으면서 사고를 확장했다. 이 책이 그 시작이 되었다.

2. 소설의 내용을 이야기하고 있다.

3. 4차 산업혁명이 도래되는 시점에 대해 언급하면서 금융 시장이 어떻게 변화될 것이라는 것에 대해 이야기하고 있다.

4. 창의력을 이야기하면서 68혁명의 슬로건인 '금지된 것을 금지시켜라'라는 말을 빌려 설명하고 있다.

위와 같은 내용 중에 어떤 것부터 쓰는 것이 좋을까? 사실 책 한 권으로 사고를 확장하는 방법을 배웠다는 것은 말이 되지 않는다. 논리적으로 말이 되지 않는 설정이다. 그리고 굳이 자소서를 쓰는 데 소설에 대한 내용을 주저리주저리 적을 필요는 없다. 그러므로 2번 항목은 삭제해도 되지 않을까? 4차 산업혁명과 금융 시장의 변화에 대한 이야기는 중요한 부분이기는 하지만 이 항목에서 굳이 강조할 필요는 없을 것이다. 그 저 본인이 이야기하고 싶은 것에 대한 수단으로서의 지식이 될 수 있다. 결국 남는 것은 '창의력'이다. 실제 로도 본인이 하고 싶은 이야기는 '창의력'이라고 밝혔다. 그래서 4번 항목을 맨 앞에 위치시키고 구성을 조 금 바꿔 다시 조합하면 다음과 같은 자소서가 나온다.

저는 '창의력'이라는 것에 대한 궁금증을 가져왔습니다. 사회에서는 4차 산업혁명이 도래되었고, 가장 필 요한 것은 '창의력'이라고 이야기합니다. 그러나 창의력이라는 것이 어떻게 해야 길러지는지에 대해 아 무도 가르쳐 주지 않습니다. 특히 저는 금융업에 종사하고 싶다는 생각으로 인해 '창의력'이라는 것을 찾 기 위해 노력했습니다. 제조업 시장이 과잉되면서 금융업은 한국 사회에 가장 중요한 산업으로 자리 잡 을 것이고, 다양한 금융상품을 만들기 위해서는 '창의력'이 중요해질 것이라는 생각 때문이었습니다. 그 때 저의 고민을 해결해준 소설이 『자기 앞의 생』이라는 책이었습니다. 저는 이 소설을 보면서 정말 우리 가 규정할 수 있는 것이 있을까에 대한 물음을 던졌습니다. 그리고 소설 마지막에 제시되어 있는 '사랑하 자'라는 말을 되새겼습니다. 이 세상을 사랑한다면, 매일 변화하는 세상을 규정하지 않는다면 매일 새로 운 삶과 생각들로 가득 찰 수 있다는 것이었습니다. 이 소설을 통해 저는 프랑스 '68혁명'의 '금지된 것을 금지하라'라는 슬로건을 떠올렸습니다. 그래서 저는 항상 제가 하고 있는 일이 어떤 관념에 갇혀서 하고 있지는 않은지, 제가 하고 싶은 것인지를 항상 살펴봅니다. 그리고 또한 제 주변에서 일어나는 일들을 낯 설게 보기 위해 항상 노력하고 있습니다.

위의 자소서를 보면 산만했던 기존 자소서가 좀 더 깔끔하게 정리되었다는 것을 알 수 있다. '창의력'에 대 해 궁금증을 갖고 고민한 흔적들과 소설책에 대한 내용, 마지막으로 금지된 것을 금지하라는 슬로건과 더 불어 본인에 대한 생각들로 구성되어 있는 글로 마무리되었다. 이렇게 주저리주저리 쓴 글을 해체라는 작 업을 통해 재구성하면 다시 새로운 글로 태어나게 된다.

이 작업은 사실 새로 쓰는 것이나 마찬가지다. 하지만 새롭게 써야 한다면 그래야 한다. 마땅히 글의 목적은 자신의 생각을 읽는 사람에게 정확하게 전달하는 것이기 때문이다. 자소서 강의를 하면서 많이 듣는 질문 이 있다. "자소서는 어떻게 채점을 하나요? 기준이 있나요?"라는 말이다. 결론부터 이야기하자면 기준은 없 다. 잘 쓴 자소서는 누가 봐도 잘 쓴 자소서이고, 못 쓴 자소서는 누가 봐도 못 썼기 때문이다. 자소서의 채 점 기준에는 글쓴이가 읽는 사람에게 전달하고 싶은 사항을 명확하게 전달하고 있는지, 조건에 맞게 썼는 지에 대한 기준만 있을 뿐이다.

우리는 선다형이 더 객관적이고, 논술형이 더 주관적일 것이라고 생각하는 경우가 많다. 그리고 선다형이 훨씬 객관적으로 점수를 파악할 수 있다고 생각한다. 하지만 여기에는 오류가 있다. 자소서는 상대평가를 하고 있다는 점이다. 상대평가는 1등부터 꼴찌까지 분명하게 나오는 반면, 절대평가는 그렇지 않다. 선다형은 동점자가 나올 수 있지만, 논술형은 그렇지 않다. 논술형은 어떤 기준 없이 잘 쓴 글 하나가 기준이 되어 그 글보다 잘 썼는지 못 썼는지만 파악하면 되는 것이기 때문이다.

그러므로 자소서가 가져다주는 이 귀찮음을 기꺼이 받아들여야 한다. 자신의 말이 정확하게 전달되지 않으면 얼마나 억울한 일인가? 자소서가 지원한 기업에 통과하고 통과하지 않고를 떠나 자신이 하고 싶은 말을 시원하게 할 수 있다면 얼마나 좋은 일인가? 자소서는 제약된 글쓰기이다. 어떤 조건이 있고, 그 조건에 맞춰 글을 쓰는 것이다. 항목이 있다면 항목에 제시된 조건을 따르며 글자 수에 대한 조건도 맞춰야 하는 아주 까다로운 글쓰기 중 하나이다. 필자는 진정으로 자소서는 소설보다, 에세이보다 어렵다고 생각한다. 어떤 틀에 맞춰 쓰면 무조건 통과한다는 자소서는 사기이다. 글은 절대 그런 것이 아니기 때문이다. 그러므로 **자신이 쓴 자소서를 열 번, 백 번 읽어 첨삭하는 일이 절대 귀찮은 일이 아님을 명심했으면 하는 바람이다.**

특별부록

직업기초능력

핵심 항목 전격 분석

직업기초능력 핵심 항목

NCS 직업기초능력 자소서 항목은 보통 의사소통능력, 자기개발능력, 자원관리능력, 대인관계능력, 조직이해능력, 직업윤리로 구분된다. 의사소통능력은 고객의 니즈 파악, 상사와의 대화 방법에 대한 항목으로, 사전에 니즈 파악 방법, 대화 방법에 대한 내용을 찾아보는 것이 좋다. 자기개발능력은 지원자가 전문가가 되기 위해 기울인 노력이나 결과에 대한 항목이다. 자원관리능력은 시간·물적자원·인적자원·예산 활용 방법과 부족한 자원 해결 방법에 대한 항목이다. 대인관계능력은 의사소통능력과 유사하지만 갈등 해결, 양보, 신뢰 쌓기를 위해 어떤 노력을 했는지에 대한 항목이다. 조직이해능력은 지원동기 혹은 회사의 이슈에 대한 항목으로, 기업 분석과 기업에서 현재 진행하는 사업에 대한 이해 및 역량 파악이 중요하고 관련 용어를 정확하게 이해해야 한다. 직업윤리는 공직의 윤리성이 중요한 이유와 원칙 준수 방법에 대한 항목으로, 공직에서 원칙이 중요한 이유와 원칙과 매뉴얼에 따라야 하는 것이 공공의 이익을 극대화할 수 있다는 내용을 작성해야 한다.

의사소통능력

본인의 의사를 잘 전달하기 위해 어떠한 방법을 사용하는지 서술하고, 해당 방법을 통해 성공적으로 의견을 관철시킨 경험에 대해 작성해 주시기 바랍니다.

핵심 포인트 1 '본인의 의사를 전달'하는 것은 인간과 인간 사이에서 사실이나 감정을 전달하고 교환하는 것을 말한다.
핵심 포인트 2 수평적 전달, 빠른 의사결정을 위해 어떤 방법을 사용했는지가 중요하다.
핵심 포인트 3 의사전달의 원칙은 명료해야 하며 일관성이 있어야 한다.

본인보다 나이나 경험이 아주 많은 사람에게 내 의견을 전달하고 소통했던 경험을 기술해 주시기 바랍니다.

핵심 포인트 1 나이나 경험이 많은 사람과 소통하기 위해 비언어적인 요소를 많이 사용할 수 있다.
핵심 포인트 2 비언어적 요소는 긍정적인 몸짓이나 전달하고자 하는 것에 대한 강조 등이 포함된다.
핵심 포인트 3 의견을 전달할 때는 일관성 또는 통일성을 가지고 있어야 한다.

본인과 다른 의견을 가진 사람들과 효과적으로 소통하여 긍정적인 결과를 얻었던 사례에 대해 기술해 주시기 바랍니다.

핵심 포인트 1 본인의 의견으로는 공동체를 위한 의견을 제시하는 것이 좋다.
핵심 포인트 2 상대의 입장을 정확하게 이해해야 좋은 설득이 될 수 있다.
핵심 포인트 3 상대에게 어떤 이익이 돌아갈 수 있는지에 대해 제시할 수 있어야 한다.
핵심 포인트 4 '긍정적인 결과'로는 조직의 목표를 달성한 것을 이야기하는 것이 중요하다.

의사소통과정에서 오해를 풀기 위해 노력을 기울였던 경험에 대해 기술해 주시기 바랍니다.

핵심 포인트 1 '조해리의 창' 이론에 기반한 자소서 항목이다.
핵심 포인트 2 의사소통에서 오해가 생기는 이유는 서로의 입장이 다르기 때문이다.
핵심 포인트 3 본인은 알지만 타인이 모르거나, 본인은 모르지만 타인이 아는 경우에도 오해가 생긴다.
핵심 포인트 4 정확한 상황을 이야기하는 것이 중요하다.

지금까지 다른 사람에게 설명해야 했던 가장 복잡하거나 어려웠던 아이디어 상황 또는 경험에 대해 기술해 주시기 바랍니다.

핵심 포인트 1 설명을 하는 방법으로는 정의, 비교와 대조, 예시, 분석 등이 있다.
핵심 포인트 2 설명이 어려운 이유로는 정의가 되지 않았거나 상황이 이해되지 않았던 경우가 많다.

자기개발능력

최근 5년 동안에 귀하가 성취한 일 중에서 가장 자랑할 만한 것은 무엇이며, 그것을 성취하기 위해 어떤 노력을 하였는지 기술해 주시기 바랍니다.

핵심 포인트 1 NCS 직무기술서의 역량을 선택하여 작성해야 한다.

핵심 포인트 2 역량을 획득한 사례를 이야기하는 것이 중요하다.

본인이 전문성을 가지기 위해 노력한 경험과 현재까지 어떤 노력을 하고 있는지에 대해 구체적으로 기술해 주시기 바랍니다.

핵심 포인트 1 '전문성'에는 NCS 직무기술서의 필요지식, 필요기술이 포함되어야 한다.

핵심 포인트 2 필요지식, 필요기술에 있는 역량을 선택하여 해당 역량을 획득한 경험을 제시하는 것이 중요하다.

자원관리능력

한정된 시간, 인적, 물적 자원을 효율적으로 활용하여 최대의 효과를 이끌어낸 경험에 대하여 기술해 주시기 바랍니다.

핵심 포인트 1 시간이 부족한 경우에는 시간을 효율적으로 사용할 수 있는 방법을 찾아야 한다.

핵심 포인트 2 인적 배치가 잘못되었을 경우에는 인적 확보 및 배치에 대해 찾아봐야 한다.

핵심 포인트 3 자원관리에서 긴급한 순서, 중요한 순서대로 업무를 다시 배치하는 것이 좋다.

본인이 살아오면서 어려웠던 일을 구체적으로 어떻게 극복하였는지 기술해 주시기 바랍니다.

핵심 포인트 1 '어려웠던 일'에는 자원이 부족한 것이 포함될 수 있다.

핵심 포인트 2 극복 방안으로는 부족한 자원을 메운 것을 이야기할 수 있다.

핵심 포인트 3 '어려웠던 일'에서 다이어트한 일 등은 쓸 수 없다.

중요한 일을 처리할 때, 어떠한 방식으로 계획을 세워서 일을 처리하는지에 대해 개인적 경험을 기반으로 구체적으로 서술해 주시기 바랍니다.

핵심 포인트 1 자원관리에서 중요한 순서, 긴급한 순서의 업무를 우선으로 배치한다고 기술하는 것이 중요하다.

핵심 포인트 2 중요하고 긴급한 순서의 기준을 제시해야 한다.

기존에 있던 방법이 아닌 새로운 방법을 제시하여 문제를 해결하거나, 좋은 결과를 낸 경험을 구체적으로 기술해 주시기 바랍니다.

핵심 포인트 1 기존의 방법이 비효율적이라는 내용을 먼저 이야기해야 한다.

핵심 포인트 2 비효율적이라는 것은 시간자원, 인적자원, 예산이 낭비되는 것이다.

핵심 포인트 3 낭비되는 자원을 줄였다는 내용이 본인이 제시한 새로운 방법이어야 한다.

대인관계능력

본인의 일은 아니지만 다른 사람의 필요를 먼저 파악하여 도와준 경험에 대해 기술해 주시기 바랍니다.

핵심 포인트 1 다른 사람의 니즈를 파악하는 것이 중요하다.

핵심 포인트 2 다른 사람의 니즈를 왜 파악해야 했는지 설명해야 한다.

핵심 포인트 3 고객의 응대보다는 공동체 안에서 같은 업무를 하는 동료의 니즈를 파악하는 소재가 필요하다.

팀 목표를 달성하기 위해 팀원으로서 본인은 주로 어떤 노력을 하였는지 최근 사례를 기반으로 기술해 주시기 바랍니다.

핵심 포인트 1 본인이 속해있는 팀의 목표를 제시해야 한다.

핵심 포인트 2 팀의 목표를 위해 본인이 맡은 역할보다 더 많은 일을 해낸 소재를 선택하는 것이 좋다.

주변 지인과 원만하지 못한 관계를 회복하기 위해서 노력했던 사례를 구체적으로 기술해 주시기 바랍니다.

핵심 포인트 1 '주변 지인과 원만하지 못한 관계'에는 감정의 불화로 인한 소재는 포함될 수 없다.

핵심 포인트 2 대인관계에서 원만하지 못한 관계는 외로움과 소외감을 느끼는 것으로 상대가 외로움과 소외감을 느낀 소재를 선택하는 것이 좋다.

핵심 포인트 3 소외감을 느꼈던 구성원이 어떻게 소속감을 느끼게 했는지를 이야기하는 것이 중요하다.

다른 사람들과 함께 일을 했던 경험에 대해 설명하고, 그 경험 속에서 팀워크 형성과 협업을 이루기 위해 구체적으로 어떤 노력을 하였는지 서술해 주시기 바랍니다.

핵심 포인트 1 협업을 위해 어떤 방법을 사용했는지가 중요하다.

핵심 포인트 2 효율적인 협업 툴을 쓴다면, 조직 간 소통 방법까지 이야기하는 것이 중요하다.

조직이해능력

지원동기에 대해 쓰고, 회사에서 어떻게 본인의 역량을 발휘할지에 대해 기술해 주시기 바랍니다.

핵심 포인트 1 지원하는 공기업의 역할과 사업 분석을 바탕으로 이야기하는 것이 중요하다.
핵심 포인트 2 중요한 사업에 필요한 역량을 획득한 경험을 작성하는 것이 좋다.

본인의 전문성에 대해 이야기하시고, 어떻게 회사에 도움을 줄 수 있는지에 대해 기술해 주시기 바랍니다.

핵심 포인트 1 '전문성'은 NCS 직무기술서에 나오는 필요지식과 필요기술 중 선택하여 작성해야 한다.
핵심 포인트 2 필요지식과 필요기술을 획득한 경험과 그 역량을 발휘할 수 있는 사업을 연결해야 한다.

본인이 남들보다 더 나은 역량을 기술하시고, 회사에 어떻게 도움을 줄 수 있는지에 대해 기술해 주시기 바랍니다.

핵심 포인트 1 NCS 직무기술서에 나오는 역량 중에서 선택하여 작성해야 한다.
핵심 포인트 2 역량을 획득한 경험을 같이 이야기해야 한다.

우리 회사가 지향하는 가치는 무엇이며, 그 가치를 창출하기 위해 어떠한 준비가 되어 있는지 구체적인 사례를 들어 기술해 주시기 바랍니다.

핵심 포인트 1 먼저 지원하는 기업이 지향하는 가치가 무엇인지 정확하게 파악해야 한다.
핵심 포인트 2 지원하는 기업의 방향성과 중요한 사업을 제시하는 것이 좋다.

우리 회사의 가치가 본인의 직업관에 어떻게 맞는지 구체적인 사례를 들어 기술해 주시기 바랍니다.

핵심 포인트 1 먼저 본인의 가치관을 정리해야 하며 명언이나 사자성어로 정리하지 않아야 한다.

핵심 포인트 2 '회사의 가치'는 지원하는 기업의 홈페이지에 나와 있는 기업 개요 및 비전을 분석하여 정확하게 정리해야 한다.

우리 회사의 이슈 한 가지를 선정하고, 그 이슈에 대한 자신의 생각을 쓰고 어떻게 그 정보를 획득했는지에 대해 구체적으로 기술해 주시기 바랍니다.

핵심 포인트 1 먼저 회사의 이슈 및 관련 용어의 개념을 정리하고 회사의 현황 및 현재 진행 중인 사업을 정리한 뒤 회사의 발전 방향을 기술하는 구성으로 작성하는 것이 중요하다.

핵심 포인트 2 정보 획득 방법을 찾아야 한다.

직업윤리

어떠한 일을 진행할 때 원칙 준수와 일의 효율성 사이에서 갈등했던 경험에 대해 서술하고, 갈등 해결을 위해 구체적으로 어떠한 노력을 하였는지 서술해 주시기 바랍니다.

핵심 포인트 1 공기업은 일의 효율성보다 원칙 준수가 중요하다는 것을 알아야 한다.
핵심 포인트 2 원칙 준수가 중요한 이유는 공공의 이익이 모든 국민에게 돌아가게 하기 위함이다.
핵심 포인트 3 효율성을 중요하게 생각하면 공정이 무너질 수 있다.

공직자의 직업윤리가 왜 중요한지 본인의 가치관을 중심으로 기술해 주시기 바랍니다.

핵심 포인트 1 '공직자의 직업윤리'는 공정과 원칙이 중심이 되어야 한다.
핵심 포인트 2 직업윤리가 중요한 이유는 공공의 이익이 모든 국민에게 돌아가게 하기 위함이다.

우리 회사에 입사 후 업무를 수행함에 있어 가장 중요한 원칙과 사회생활을 함에 있어 가장 중요한 원칙은 각각 무엇이며 그렇게 생각하는 이유를 본인의 가치관과 경험을 바탕으로 구체적으로 기술해 주시기 바랍니다.

핵심 포인트 1 '가장 중요한 원칙'에는 공동체를 우선하는 공동체주의를 이야기하는 것이 중요하다.
핵심 포인트 2 개인의 이익을 중요시하게 된다면 다른 누군가는 희생해야 하는 상황이 발생한다.